対人援助職のための
こころの科学
基礎と応用

藤井 裕子　　石井 信子　　上田 敬太

ふくろう出版

はじめに

　現代社会においてはわからないことがあればインターネットで検索すれば、すぐに簡単に答えが得られます。これは便利なことである反面、私たちが自ら問題をとらえ曖昧な状況に耐え、考え続ける状況が少なくなっていることにもつながります。答えの出ないままもちこたえ考えたり、考えることを中断したりしつつ、ある時、何らかの示唆が得られてとても達成感を感じ、自分の置かれている世界さえも変化したように感じる、こうした生の体験を味わうことが少なくなっているように思います。本書の刊行は、このような状況をふまえて企画しました。ここ数年、大学生に教えるとともに学び合う中で、学生がすぐに答えを得ようとする傾向、自らで答えを求め続けるよりも手っ取り早く結論を得たいとする傾向が目立ってきていました。これは大学生に限ったことではなく、私たちの社会全体にいえることで、何事にもスピードが要求され、もちこたえつつ結論を求めていく、あるいは結論に達しなくても抱え続けていくなどといったことに余裕のなさが見られるように思います。理解しにくいことや納得のいかないことに対し時間をかけて醸成し、その中での経験や学びの過程を血肉にしていくといったことが面倒がられるようになってきました。

　本書では、心理学の基礎から始めて応用、そして新しい脳科学の知識も学びます。すぐに解決に至らない問題にもじっくりと着実に向き合っていくこと、すぐに役立つ内容ではないかもしれないが、頭の隅に置いて時々考えながら自らが使えるものにすることを、と考え本書の構成を考えました。難しい内容もあるかもしれませんが、その内容にも挑んでみること、即効的に役に立つ内容でなくても関心を持ち自分の世界に取り入れていくこと、これこそが本当の意味での私たちの知恵、教養と呼ばれるものの根幹を作っていくのではないでしょうか。

　ずっと以前、参加していた研究会で恩師の言われた言葉を思い出します。みなが少しずつたゆまず研究を重ねていく中でやっと半歩の研究が進んでいく、この歩みが大事だ、と確かこのような内容でした。表立って見えにくく地道な積み重ねかもしれませんが、こうした歩みを続けていくことが大事なことだと自分も心に刻みながら、これまで蝸牛の歩みを続けてきたように思います。

　今回、I部で心理学の基礎知識を習得した上で、II部では心理学の応用ともいえる精神療法や対象者への理解を深めるためのさまざまなアプローチの方法について学びを進めます。対人援助の職に従事するために必要な基本的な心構えや正確に身につけておくべき知識について詳しく解説しています。III部では脳科学から理解するこころの生物学的な基盤をもとに脳の構造や働き、こころの成長に脳がどのような役割を担

っているか等について難解な内容を分かりやすく具体的に解説しています。執筆者はいずれも研究者ではありますが、同時に実践者でもあり、臨床に裏うちされた知見をじっくり味わいたい内容です。本書は保育や教育、福祉など対人援助の職に従事する方がたには必要かつ参考になる内容ですが、対人援助職に従事していなくても私たちの生活や家族のことを考える時にもとても参考になる内容が盛り込まれています。

　本書の刊行にふくろう出版の学術部門編集者、亀山裕幸氏に大変お世話になりました。

　また本書のカバーデザインは洋画家の中武映子氏に協力をいただきました。すがすがしいデザインでほっとすると同時に、裏表紙では若い学生が巣立っていく絵のようにも見えます。

　ご助力をいただいた皆様に深く謝意を申し上げます。

　2019 年 8 月

　　　　　　　　　　　　　　　　　　　　　　　　　　　　　　　藤井　裕子

対人援助職のための

こころの科学

基礎と応用

目　次

目次

はじめに

第Ⅰ部　基礎 1

第Ⅰ章　心に関する基本的知識 --------------------------------------- 2

第1節　感覚・知覚とその働き _____ 2
　　　1）感覚とその働き　2　　　　　2）知覚の定義　4
　　　3）知覚の特徴　4　　　　　　　4）錯視　5

第2節　認知・思考とその働き _____ 6
　　　1）認知の定義　6　　　　　　　2）認知・思考の発達　6
　　　3）ピアジェの認知発達理論　7

第3節　学習とその働き _____ 9
　　　1）学習の定義　9　　　　　　　2）古典的学習理論　10
　　　3）学習理論とその応用・動機づけ　11

第4節　記憶とその働き _____ 12
　　　1）記憶の定義　12　　　　　　2）記憶の種類　13
　　　3）記憶の変容　14

第Ⅱ章　保育・教育の場での子ども理解 ------------------------------- 15

第1節　心の発達理論 _____ 15
　　　1）愛着関係とその発展　15　　2）性格・人格の形成　17
　　　3）エリクソンのライフサイクル論　19

第2節　現代社会における子ども理解 _____ 24
　　　1）子どもを取り巻く社会状況　24　2）小1プロブレム問題　25
　　　3）子育て家庭への理解と支援　27

第3節　事例を通して学ぶ _____ 27
　　　1）子どもの心と身体に関する問題と支援　27　2）発達の偏り・発達障害への支援　30

第Ⅲ章　心の問題への理解 --- 35

第1節　適応・不適応 _____ 35
　　　1）不適応とは　35　　　　　　2）不適応の症状への理解　37
　　　3）自我の防衛機制　38

第2節　事例を通して学ぶ _____ 40
　　　1）うつ病・気分障害　40　　　2）摂食障害　43

第Ⅱ部　応用　　　　　　　　　　　　　　　　　47

第Ⅰ章　心理アセスメントの技法　　　　　　　　　　48

第1節　面接　　　　　　　　　　　　　　　　　　48

1）ラポール（rapport）の形成　48　　2）主訴　48
3）ジェノグラム（genogram）　49　　4）守秘義務　49

第2節　行動観察　　　　　　　　　　　　　　　　50

1）行動目録法　50　　　　　　　　2）行動評定尺度　50
3）関与しながらの観察　52　　　　4）記録の取り方　52

第3節　心理テスト　　　　　　　　　　　　　　　53

1）心理テストとは　53　　　　　　2）質問紙法　53
3）投影法（投映法）　57　　　　　4）作業検査法　61
5）知能検査　62　　　　　　　　　6）発達検査　64
7）神経心理学検査　67

チャレンジコーナー　既出問題に挑戦してみよう　69

第Ⅱ章　精神療法　　　　　　　　　　　　　　　　71

第1節　力動論に基づく療法　　　　　　　　　　　71

1）精神分析療法　71　　　　　　　2）精神分析に関わる用語説明　71

第2節　学習理論・認知論に基づく療法　　　　　　73

1）第1世代としての行動療法　73　　2）第2世代としての認知行動療法　74
3）第3世代認知行動療法：2000年頃〜　75

第3節　ヒューマニステック精神療法　　　　　　　75

1）来談者（クライエント）中心療法　75　　2）遊戯療法（プレィセラピー）　76

第4節　リラクゼーション・トレーニング　　　　　76

1）自律訓練法　76　　　　　　　　2）漸進的筋弛緩法　76
3）バイオフィードバック　77　　　4）眼球運動による脱感作および再処理法　77

第5節　さまざまな精神療法　　　　　　　　　　　77

1）内観療法　77　　　　　　　　　2）森田療法　78
3）交流分析　78　　　　　　　　　4）芸術療法（アートセラピー）　78

チャレンジコーナー　既出問題に挑戦してみよう　80

第Ⅲ部　脳科学からの理解 ‥‥‥‥‥‥‥‥‥‥‥ 83

第Ⅰ章　神経心理学の考え方 ―――――――――――――――――――― 84
　　１）症状とその基盤となる神経心理症状　84
　　２）神経心理学で用いられる「失○○」という用語について　86

第Ⅱ章　脳はどのような作りになっているのか ――――――――――― 87
　　１）脳の構造　87　　　　　　２）脳の発達と機能の発達　89
　　３）発達性の神経心理症状　91

第Ⅲ章　脳の損傷の原因 ―――――――――――――――――――――― 93

第Ⅳ章　古典的な神経心理学症状 ――――――――――――――――― 95
　　１）失語　95　　　　　　　　２）失認　97
　　３）失行　99　　　　　　　　４）半側空間無視　101
　　５）古典的症候群　102

第Ⅴ章　その他の神経心理学的症状と高次脳機能障害 ――――――― 106
　　１）高次脳機能障害　106　　　２）注意障害　108
　　３）記憶障害　110　　　　　　４）知能の障害　114
　　５）遂行機能障害　115

第Ⅵ章　社会的行動障害 ―――――――――――――――――――――― 118
第１節　社会的認知の神経基盤 _____ 119
第２節　社会的認知の障害から直接起因すると考えられる社会的行動障害 ____ 120
　　１）社会的認知全体に影響を及ぼす因子　120
　　２）情動反応における障害　121
　　３）情動表出の段階での障害　122
　　４）情動反応の硬さから生じる社会的行動障害　124
第３節　他の認知機能障害や社会心理的要因から生じる社会的行動障害 _____ 126
　　１）健忘症候群のために易怒性を認めた症例　126
　　２）脳損傷後の恐怖症のために引きこもっていた症例　127
　　３）障害告知がなかったことで二次障害を生じた症例　128

第Ⅶ章　検査 -- *130*
　第1節　検査の前にすべきこと _____ *130*
　第2節　スクリーニング検査 _____ *131*
　第3節　障害に対する特異的な検査 _____ *131*
　　1）注意力の検査　131　　　　　　2）失語症検査　132
　　3）記憶の検査　132　　　　　　　4）視覚刺激処理に関する検査　133
　　5）前頭葉検査と遂行機能検査　133　6）知能検査　134

第Ⅷ章　対応の原則と利用できるサービスなど ------------------------- *135*
　第1節　精神論はやめよう _____ *135*
　第2節　疲労や頭痛、音の過敏さなどへの対策 _____ *135*
　第3節　病識の問題 _____ *136*
　第4節　福祉サービスなど _____ *136*
　　1）手帳と年金　136
　　2）高次脳機能障害支援センターと障害者総合支援法・介護保険　137

第Ⅰ部　基礎

　第Ⅰ部は、保育や福祉、教育など対人援助職に携わる人に必要な心理学の基本的知識を習得することを目的としています。心理学の基礎となる知識を学び人の心の不思議について学びます。心理学の研究の発展によって人の心の動きも解明されてきました。しかし分からないことはまだ多くあります。全般的な精神活動について基本を学び、心はどのように機能しているのか理解しましょう。また人がどのように人格を形成していくのか年代ごとの発達の過程を学び、心理や行動に見られる特徴も把握します。困難や葛藤に直面した時、どのように乗り越えていくのか、心の動きについても学びましょう。

　心理学の一般的な知識は対人援助職に限らず、私達の生活やよりよい人間関係の形成にも寄与していけると考えています。

第Ⅰ部 基礎

第Ⅰ章　心に関する基本的知識

第1節　感覚・知覚とその働き

1）感覚とその働き

　私達が外界を知る時に、まずは感覚器官を通して把握する。感覚器官の中には、視覚、聴覚、嗅覚、味覚、皮膚、触覚の基本的な感覚器官の働きがある。この感覚器官によって知覚した外界に対する情報は神経系により脳へ伝達される。そのほかの感覚器官として身体の姿勢を保持する前庭感覚、運動の調整や身体図式をつかさどる固有受容覚の2つの感覚も機能している。感覚器官を通して知覚され脳へ伝達された情報をもとに私達は考えたり判断したり行動したりするのである。そこでまず外界からの情報を得る各感覚器官の働きを見てみよう。

(1) 視覚

　視覚は生後すぐには眼前の物が見える程度であるが身体成長と共に視力も達し1歳ごろには視力も 0.3 程度になり色の判別も可能となる。奥行知覚（立体視）も生後4か月ごろから可能となる。感覚器官の中で視覚による情報の割合は高く、私達は多くの情報を視覚に頼っている。視覚は色、明度、表面組織、形、光などによって感受するが、網膜に投影されたものをそのまま知覚するだけでなく、一部が欠けていても補完的に知覚することもできる。図1－1－1は補完知覚現象であるが、実際に描かれていない三角形をそこに見えているかのように知覚することができる例である。

(2) 聴覚

　私達の聴力は音の強さで言うと 10 dB から 130 dB まで聞き取ることができるが、ささやき声の 20 dB から自動車の警笛や爆音の 120 dB までを聴力として聞き取っており、外界のあらゆる音を聞き取っているわけではない。子どもや高齢者の場合、一部の音域が聞こえにくいということも起こりやすい。

図1－1－1
　カニンツァの補完知覚
　　（kanizsa, G. 1979)

(3) 皮膚感覚・触覚

　皮膚感覚は外部受容器に位置付けられ、圧覚、痛覚、温覚、冷覚、に分類される。圧覚は刺激の質により強度や圧迫感を感じる。私達の温度感覚は－10℃から70℃位まで感じることができるが、それ以外になると温度感覚ではなく痛覚として感じるようになる。皮膚感覚以外に内臓感覚もあり、身体内部の器官の状態を認知する働きもあり内臓に圧覚が生じることもある。内臓で認知した感覚も神経系を通して脳に送られる。子どもは皮膚感覚や触覚を通して身体図式を体験し皮膚感覚で得た心地よさは対人関係の育成の基盤にもなる。

(4) 味覚

　味覚は口腔器官で受容される身体受容の感覚である。味覚には、嗅覚、触覚も混合されているが、塩辛さ、酸っぱさ、甘さ、苦さの4種類の味を感じることができる。

(5) 嗅覚

　嗅覚は人間は他の動物に比べ退化したと言われるが、鼻孔から受容され嗅覚刺激として認知される。嗅覚刺激は多様であるが、ヘニングの分類によると、花香性、果実性、腐敗性、薬味性、樹脂性、焦臭性、の6種類に分けられ「匂いのプリズム」と名付けられている。

(6) 前庭感覚

　前庭感覚は内耳全体で平衡感覚刺激をとらえている。身体の動きに応じて運動状態を感受する。たとえば不安定な姿勢から安定した姿勢への復位運動を生じさせ、眼球運動の調整、自分の位置関係がわかる身体図式の獲得や運動により覚醒水準をあげる効果などにも機能している。身体が転倒しないように重心を移動し平衡を保つ働きもしている。

(7) 固有受容覚

　運動感覚とも呼ばれ、筋肉、腱、関節から生じる感覚である。身体の位置を知らせ重量感や運動の調整、情動の調整、覚醒の調整、筋肉の伸縮の調整などを行う。自分の身体の内側からの刺激により感じるもので自分の身体がどのように動いているかを感じることで自分の身体を的確に使いこなせるようになる。このように感覚は各種の感覚器官によって受容されるものであるが、外界の刺激物も一定の要素のみではない複合した性質を持っているため、私達の受ける感覚も複合的で一体として生じること

がある。たとえば「かん高い黄色い声」や「ピアノの楽曲を聴いていると美しい情景が見えた」などのように、ある刺激から異なる感覚が喚起されることがある。このことを「共感覚」と呼ばれ、各感覚が統合的に一体となって受け取ることを表している。

2）知覚の定義
　このように私達は外界の情報について感覚器官を通して把握し感覚器官を通して知覚された情報が神経系により脳へ伝達されると、その情報をもとに感じたり考えたり判断したり行動したりする。知覚（perception）とは、普段あまり意識することはないが、感覚器官を通して受け取った情報を状況に合わせて統合して大脳中枢に伝達し、現実の世界を理解する手立てとなる最も基本的な心的機能の1つと定義することができる。

3）知覚の特徴
　知覚の研究は比較的古く1800年代後半から盛んに行われるようになった。20世紀に多くの実験や研究が進んだゲシュタルト心理学の領域において知覚の研究は進んだ。ゲシュタルト（Gestalt）とはドイツ語で「形態」を意味するように、心的過程を1つひとつの要素に分解するのではなく全体的なまとまりのある構造としてとらえた。代表的な研究者としてヴント（Wundt, W.）やウエルトハイマー（Wertheimer, M.）は、知覚の特徴として、部分は小さなまとまりとして群化され、一定のまとまりとして全体に構造化されて私達は把握するという知覚の機能について明らかにした。知覚する時にはゲシュタルトの持つ要因により一定の法則性のあることを明らかにした。ウエルトハイマーは、まとまりのできる条件を分析して「形態因子」と名付け、一定の法則性を「形態法則」と呼んだ。知覚体制が構造化される場合にどのように形態法則が働くのか図1－1－2で表す。ゲシュタルト心理学の考えは現在の認知心理学や認知行動療法にも影響を及ぼしている。

　① 　　近接の要因　……… 距離の近い要素はまとまって知覚されやすい
　② 　　類同の要因　……… 似た要素を持つものはまとまって知覚されやすい
　③ 　　近接の要因　……… 距離の近い要素はまとまって知覚されやすい
　④ 　　共通運命の要因　…… 同じ方向に動くもの、同時に動くものはまとまる
　⑤ 　　良い連続の要因　…… 連続する方向に無理のないものがまとまる
　⑥ 　　閉鎖性の要因　……… 1つの区切りになっているとまとまって知覚される

第Ⅰ章 心に関する基本的知識

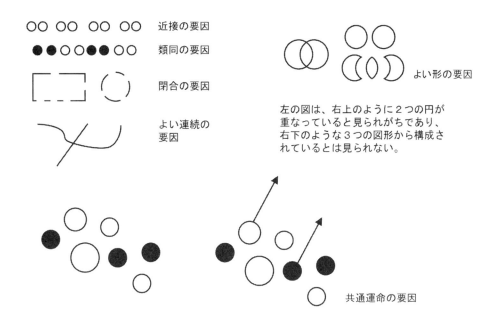

図1－1－2　形態因子によるゲシュタルト要因

4）錯視

　私達が外界の物や事象を知覚する時、どの部分に注目するかによって見え方が異なる。外界を客観的にそのまま知覚しているのではなく各自の見方というフィルターを通すがゆえにその物と若干のずれが生じることがある。たとえば、ボーリング（Boring, E. G.）が公表した図1－1－3では、うつむいている老婆にも見えるし、見方を変えると髪に飾りをつけた若い女性にも見える。これは「図と地」の対比で、背景となる地に注目するか、浮かび上がってくる図に注目するかによって、見え方に差異が生じるということを証明している。図と地の対比だけでなく、明度や方向性、向きによっても、その時の心理状態によっても見方や見ている部分が異なって知覚されることがある。このことが知覚において「錯視」と呼ばれる現象である。たとえば、図1－1－4では、右から見ると材木が3本並んでいるように見えるが、左か

図1－1－3　老若の女性

5

第Ⅰ部 基礎

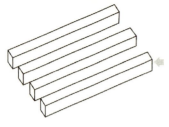

図1-1-4 錯視の例

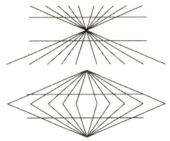

図1-1-5 錯視図
（上）Heringの図形、
（下）Wundtの図形

ら見ると4本並んでいるように見える。どの位置から見るかにより知覚される像が異なることを表している。また 図1-1-5では真ん中の直線が曲線のように傾いているように見える。このように私達の脳が外界を知覚する時に錯覚を生じる可能性のあることを知っておく必要がある。外界の事象を正確にとらえるためにはいろいろな視点から検討することが必要なのである。

第2節　認知・思考とその働き

1）認知の定義

認知（cognition）は感覚や知覚を通して得た情報を知識として蓄積し記憶し、それをもとに必要に応じて問題解決や思考の手段に使うなどの精神活動を行うことと定義される。外界の情報を知覚し認知することで事物の特徴を把握したり、意味づけたり、同じ特性を持つものを概括化したりし、秩序立てる機能を有している。知覚により把握した外界を必要に応じて組み換え構造化し、思考の手段として使っていく。この精神活動のことが認知と呼ばれる過程である。人が外界を理解し思考する枠組みともいうことができる。

2）認知・思考の発達

発達とは、「一般的に生物学の発生（development）と進化（evolution）に由来している（石井、2008）」と言われるように個体が時間の経過とともに変化を遂げる過程を表す。しかし生物的変化として積みあがっていく発達のみが捉えられるのではなく、質の変化や、目に見えにくい横への発達も捉えられなければならない。発生的認識論の立場から、子どもの認知発達と思考について理論を構築したピアジェ（Piaget, J.）は、自分の子どもの詳細で膨大な行動観察をもとに、同化と調節という2つの概念を用い発達の見方について理論を体系化した。ピアジェによると、子どもは、対象物に対し同化と調節を繰り返し一定の均衡を図りシェマ（schem）という枠組みで認知する。発達が進み、この均衡だけで解決しない場面で、新たな同化と調節が組み立てられる。その結果、前の段階と質的に異なる新たな段階に入るが、これは、以前とは異なる構造を持った段階になる。ピアジェはこの考えのもとに発達理論を体系化し、各段階を感覚運動期、前操作期、具体的操作期、形式的操作期、最終段階として 11

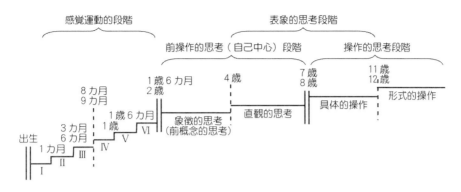

図1−1−6　ピアジェの思考の発達段階
〔出典：ピアジェ（1955）、岡本夏木・村井潤一編（1986）『発達の理論をきずく　別冊発達』ミネルヴァ書房〕

歳以降に獲得される抽象的思考段階、と名付けた。ピアジェの発達理論はのちの発達理論につながる重要な理論であり多くの認知発達研究に影響を与えている。各発達段階について図1−1−6で示す。

3）ピアジェの認知発達理論

ピアジェによる各発達段階の主な内容は以下の通りである。
（1）感覚運動期

感覚運動期は出生後から言葉を獲得する前までの1歳半から2歳ごろまでを言う。この時期の子どもは、対象物を眺めたり、それに手を伸ばしたり、振って音を立てたり、口に入れて探索したりしながらだんだんに対象物についての認識を高めていく。身体的、感覚的に試して理解していくのでこのように呼ばれるが、ピアジェは、この時期の子どもが見た対象物に手を伸ばし掴むようになることを「目と手の協応」と述べ重視している。目で見てつかんだ物を何かにあてて何度も繰り返し音を立ててみたり、机から落としてみたりなど繰り返すことを「循環反応」と呼んでいる。循環反応を作り出し繰り返すシェマの中から子どもは新たなシェマを見出し、能動的に自発的に新たな手段を作っていく。ほぼ1歳ごろになると目の前から見えなくなった対象物を、たとえば衝立にさえぎられていたとしても衝立を外して探し出すことに成功する。「事物の永続性」を獲得するわけであるが、このことは母親が一時的に見えなくなっても、そのうち現れるということを理解し、人の永続性の獲得に至る。「いないいないばあ」などの遊びが楽しめるのもこの時期である。

第Ⅰ部　基　礎

(2) 前操作期・象徴的思考

　前操作期の象徴的思考の段階は2歳ごろから4歳ごろまでを言う。このころの子どもは遊びの中である物を別の何かに見立てての遊び、いわゆるごっこ遊びを楽しむようになる。これは現実のその物ではなく別の物をシンボルとして表象しているのである。このことは単に模倣が上手になり見立てる力が育ったということのみならず、外界の物が記号として心の中に定着してきたことを表している。ちょうどこの頃、言語を獲得するが、言語は最もシンボリックな表象を表すものとして子どもの中に定着する。言語を獲得した子どもは言語を他者と共有できる記号として用い始め、言語の獲得により飛躍的に思考が進んでいく。これが内的思考の展開につながっていく。

(3) 前操作期・直観的思考

　前操作期の直観的思考の段階は4歳ごろから7、8歳ごろまでを言う。表象することが可能になった子どもはその表象を関連付けていくことができる。しかしそれは直観的に見た知覚的特徴による印象で判断するもので見た目の影響を受ける。例えば次のような課題で顕著に見ることが出来る。ある量の水と同じ分量を細長い形のコップに移し替えた場合、同量にもかかわらず細長いコップの水の分量が多い、と答えてしまう例である。水の分量は変わらないにもかかわらず水面の高さが高いために分量が多いように知覚するわけである。この時期の子どもの思考が直観的で、主観と客観が曖昧であり。自己中心的な知覚と呼ばれるゆえんである。

(4) 具体的操作期

　具体的操作期の段階は7、8歳ごろから11、12歳ごろまでを言う。物の量の保存が獲得され前操作期に先述した課題を正しく理解するようになる。同じ量であればたとえば粘土が形を変えても同量であることを理解する。量だけでなく体積や長さ、数も見た目の知覚的特徴ではなく論理的に比較することが出来るようになる。図1-1-7で示したように同じ広さの牧場で1頭の牛が食べる草の量は左右とも同量である

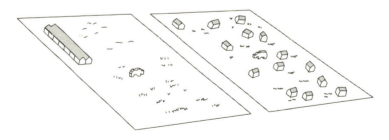

図1-1-7　面積の保存の実験（ピアジェ、1955）

ことを理解する。またこのころには事物を同じグループに分類し概念としての体系化が可能となってくる。たとえば「自動車」は「タイヤがついていて道を走る」というだけでなく、「乗物」の一種というくくりの中に概念化され工場で生産され人が移動のために使う、という体系の中に位置づけることが可能となる。こうして自己中心的思考から客観的な他者の視点からの思考も可能となっていく。

(5) 形式的操作期
　形式的操作の段階は11、12歳以降で具体的思考から抽象的思考が可能となり、児童期の思考の到達点であると言われる。具体的操作期を経て具体的ではない課題に対しても論理的操作が可能となり、「もし…であるとするなら…はどうなるか」といった仮定で考えることや、具体的な内容でない事象についても推測して考えることが出来るようになる。この時期になると現実の日常的な問題のみならず普遍的な事柄に思いを巡らせ理論的なことへの傾倒が生じてくることも抽象的思考の特徴と言え、ピアジェによる認知発達もこの段階で完成する。

第3節　学習とその働き

1) 学習の定義
　学習は、環境との相互関係からもたらされる経験や練習によって主体に生じる行動の変容、と定義される。学習は生物としての成熟の過程とも密接に関連しており、新しいことを習得したり運動能力が高まったり、技術や技能が身についていき、自分自身のシステム内部に質的な変化が生じる過程と言うことができる。学習により社会的に適応した振舞い方を身につけていく社会的学習もある。言語の獲得も学習によるものであるし、問題解決力も学習や経験を基盤にして形成されてくるものである。何らかの問題に直面した時、解決の手段を発見していくことをケーラー（Kohler, W.）はチンパンジーの実験から「洞察」によるものと明らかにしている。この実験では、チンパンジーがエサが届かない高さにあるため、近くに置いてある箱を道具的に用い、それを足場にしてエサを獲得するのであるが、問題解決という目的のために手段を発見するこの過程について洞察することで「場の再体制化」が行われると意味づけている。チンパンジーの例のみならず、私達も学習により新しい場の構造的変化が生じることは往々にして経験することである。たとえばパソコンを使いこなせることでそれまでと全く異なる情報の世界が広がるようになるなど、学習を通して行動の変容がもたらされることは日常生活においても多く経験する。

第Ⅰ部　基礎

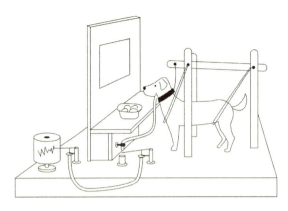

図1-1-8　パブロフの音刺激と唾液の分泌を促す実験（Pavlov, I. P., 1956）

2）古典的学習理論

　古典的な学習理論として代表的なものはロシアの生理学者パブロフ（Pavlov, I. P.）による古典的条件づけの実験である。これは、①犬にベルの音を聞かせて、その後に餌を与える、これを何度も繰り返すと、②犬は餌が与えられなくてもベルの音だけで唾液を分泌するようになる、という実験結果である。私達がレモンを見ると唾液が分泌されるのも同じ理由である。このことから、ベルの音を条件刺激と呼び、唾液が分泌されることを条件反射と呼ぶ。そして条件刺激（ベルの音）を繰り返すことで唾液が分泌されるようになることを「強化」と呼ぶ。ベルの音を何度もくりかえし強化されることで餌が与えられなくても唾液が出るという無条件反射を学習したのである。次に、ベルの音が鳴っても餌が与えられないという結果が続くと、犬はだんだん唾液を分泌しなくなるが、このことを「消去」と呼ぶ。条件反射が起こらなくなったのである。パブロフは条件反射が犬の大脳皮質の活動により成立すると考えたが、学習の過程における強化や条件付けが人の学習の場合にも応用されることがある。

　もう1つの条件付けによる実験はアメリカの新行動心理学のスキナー（Skinner, B. F.）により行われた実験で道具的条件づけ（オペラント条件づけ）と呼ばれる。スキナーが開発したスキナー箱は、箱の中のレバーを押すと餌が出てくるという仕組みになっている。ここに空腹のネズミを入れるとネズミは試行錯誤するが、繰り返すうちにだんだんレバーを押して餌を食べることを学習する。レバーを押して報酬が得られることを学習するのである。パブロフの犬の場合より、スキナーのネズミの方が積極的に環境に働きかけている、と言えよう。餌が与えられることが強化され「正の報酬」になっているが、反対にもしも、ある行動により不快な嫌な刺激が結果として繰り返される場合、これは報酬ではなく「罰

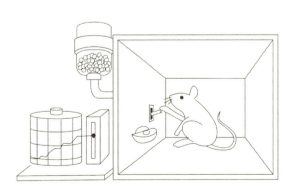

図1-1-9　スキナーによる実験
（Skinner, B.F.1938）

刺激」と呼ばれる。パブロフやスキナーによる古典的な実験は動物を対象に行ったものであるが、私達の学習過程にも報酬と罰による強化が使われていることも気づいておきたい。

3）学習理論とその応用・動機づけ

　学習は知識を獲得しそれを蓄積し応用することで行動の変容がもたらされること、以前とは考え方に変化が生じること、と定義すると、その学習を促すためにどのようなことが背景にあるのだろうか。学校で習得する勉強のみならず、私達の生活の中ではさまざまな場面で学習が生じる。人間関係においても学習することは多くあり、大人になるにつれて複雑で多様な人間関係の築き方を学んでいく。運動にしても基礎的な体力作りから応用まで多くの過程を学ぶ。日常生活上で必要な基本的なこと、掃除や洗濯、料理や部屋の整理整頓なども気持ちよく生活するために知らず知らずのうちに教えられたり模倣したりして取り入れ学んで習得していることである。このように私達は生活のあらゆる場面でいろいろな形で学習を行っている。学習は目的志向的な精神活動と言えるが、この背景にはその意欲を高める動機づけ（motivation）が関与している。目的があると行動が触発されてその目的に向かって一定の努力を続ける。私達は動機づけられることで行動が活性化され学習が維持され、その結果一定の成果がもたらされると達成感を味わう。しかし動機づけが途中で失われると目標に達しえず、目標を検討しなおす必要が生じることもある。学習は私達が主体的に「やってみよう」「必要だ」「面白い」と思った時には進んでいくが、反対に「気持ちは乗らないけど必然性があるのでしなくてはならない」といった場合でも学習は進めなくてはならない。前者を学習における「内発的動機づけ」。後者は「外発的動機づけ」と呼ばれ学びの方略をたてる時には大事な概念である。それぞれの動機づけについてみてみよう。

(1) 内発的動機づけ

　私達は自分の興味関心から行動した時や自分が主体的にとった行動が一定の効果につながるなど行為と結果の関係性がもたらされた時、自分に対する有能感や達成感を味わう。そして次にもう一度その効果を期待し、さらに意図的に行動を起こすだろう。このように自分の主体的な動機づけで行う活動には一定の自己効力感がもたらされやすい。ホワイト（White, R. W.）はこの有能感のことをコンピテンス（competence）と呼び「環境と効果的に相互作用する有機体の能力」と定義したが、このことは内発的動機づけとも呼ばれる。バンデュラ（Bandura, A.）も内発的動機づけにより触発された行動が自己効力感（self‐efficacy）をもたらすこと、自分が意図し決定した行

動が結果を実現することで自分に対する効力感を持つことになり動機づけが高められる結果になると意義づけた。学校での学習に限らずさまざまな活動の中で自発的に目的をもって行った活動が一定の成果をもたらすことができれば活動に対する満足や自己に対する肯定的評価が自己肯定感に結び付き、自分に対する自信になっていく。目標を達成するための方略の多様性も広がりが得られる。内発的動機づけは学習の基盤であり、私達自身の成長への希求性につながっていく。

(2) 外発的動機づけ

例えば宿題だから行うとか、取り組むことで賞を得られるとか、しなければ叱責される等の要因により学習が行われ行動が触発されることを外発的動機づけと呼ぶ。内発的動機づけが自らの意思に基づいて行う活動とすれば、外発的動機づけは外的な環境に強いられて行う活動と言うことができる。学習において内発的動機づけが望ましいとはいうものの基本的な学習において全てが内発的動機づけだけで行えることではなく、子どもの意欲を引き出すために親や教師が褒めたり叱責したりもする。目標に向かっていることを励ましたり、間違った方法を指摘したりすることで動機づけを再度確認することも可能となる。つまり内発的動機づけと外発的動機づけの両方を適切に取り入れることで学習の効果をいっそう高めることになる。外発的動機づけには承認や賞賛を得るといった社会的に積極的な動因と、苦痛や失敗を回避したいという消極的な動因によるものが見られる。外発的動機づけも一定の学習効果は得られるが、報酬や賞賛が得られないと長続きしないことが多くなる。学習する人が達成感を得られ自分自身で学習の効果を確かめ自尊感情にむすびつくような動機づけが必要である。

第4節　記憶とその働き

1）記憶の定義

記憶とは、思考し学習した内容を覚え、一定期間貯蔵し必要に応じて再生したり想起したりする精神活動、と定義される。私達は必要な知識や情報、経験などを保持し、思考する時や行動する時に活用したり思い出したりする。一定期間持続して貯蔵している過程を把持と呼び、持続過程の中で消失し見出すことができなくなった状態を忘却と呼ぶ。記憶をつかさどる脳は側頭葉の領域、海馬が中心的に重要な働きをしている。この海馬と間脳が萎縮したり損傷を受けたりすると記憶に障害が見られることはロシアの精神科医コルサコフ（Korsakoff, S.）によって報告され、コルサコフ症候群と名付けられている。コルサコフ症候群では古い記憶は残存するが、新しい記憶は想

起できず貯えることも難しいという結果が報告されている（Victor, M. 1961）。海馬は一般的な記憶の働きを担っているが、海馬だけではなく脳の他の領域、大脳皮質や前頭連合野も記憶に関わっている。たとえば非常に強く印象的な出来事があれば、その時の気持ちや情動も含めて記憶に残り想起され、機械的な記憶とは異なる精神活動が生じることは私達も日常的に経験することである。記憶は、出来

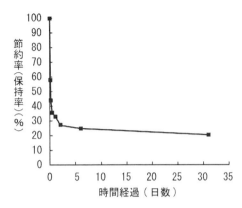

図1－1－10　エビングハウスの忘却曲線
(Ebbinghaus, H., 1885)

事が生じた時の情動と深く関連しており、その貯蔵や想起にも情動や思考が関わっている。他の精神活動と同様に大脳のさまざまな領域と関連し合って機能していると言える。記憶の忘却については、ドイツの心理学者のエビングハウス（Ebbinghaus,H.1885）の実験で、無意味な文字の記憶について記名した内容は記憶した時から9時間程度で急激に忘却するが、その後の忘却は徐々に生じるということが明らかになり、これは「エビングハウスの忘却曲線」（図1－1－10）と呼ばれる。

2）記憶の種類

　最近の記憶についての研究から記憶には、情報を2～4週間程度、一時的に短期間貯蔵する短期記憶（short‐term memory）と、長期間貯蔵する長期記憶（long‐term memory）の2種類が見られる。それぞれの特徴は以下の通りである。

　　短期記憶…電話番号や宿泊先のホテルの部屋番号のように時間制限のある一時的な記憶。保存の容量は7±2と言われる。
　　長期記憶…過去の学習や経験により貯蔵する永続的な記憶の過程で私達の知的な活動の基盤となる。長期記憶の中ではさらに3種類の質の異なる記憶が存在する。
　　エピソード記憶…「誰と、いつ、どこで、何を」といった個人的な経験や状況に基づく記憶。高齢になると加齢の影響を受けて曖昧になりやすい。
　　意味記憶…一般的な知識や概念、辞書的な学習で貯蔵した記憶、概念化により獲得した記憶。
　　　　例えば「地球は丸い」とか「クジラは海に生息するが哺乳類である」といった内容の記憶。宣言的記憶とも呼ばれる。
　　手続き記憶…身体運動や動作で習得した記憶。自転車の乗り方やパソコンの操作や、

第I部 基礎

図1－1－11　ふくろうの再生図
　　　　　（Bartlett,F.C.1932）

鉛筆や箸の持ち方、一旦身につけた日常生活上の身体的行動による記憶。

3）記憶の変容

　記憶が時間経過によって少しずつ変容していくことや記憶に思い違いが生じることは日常的にも経験することがある。ウルフ（Wulf, F. 1922）は、簡単な図形の再生が時間経過により変容してくるかどうか実験した結果、図形の特徴的な部分が強調されて変容していく過程を明らかにした。また図1－1－11で示したように、バートレット（Bartlett, F. C. 1932）は、ふくろうのイラスト図形を提示し、それを次の人が記憶し再生した図形が少しずつ変化し、最後にネコの後ろ向きの姿になってしまうことを証明している。私達も伝言ゲームなどで引き継いだ内容が少しずつ変化してしまうことや、不正確な情報にもかかわらず繰り返されているうちに事実のように報じられてしまうことの危険性を経験することがある。ふくろうの再生図にあるように、特徴的な部分が強調されて認知され、また情報を受け取った人の受け取り方の違いやその時の状況などにより変化してしまうことも記憶の変容の生じる要因となる。日常生活で起こりうることであり、思い違いや記憶の変容により誤った情報やデマなどにならないように自覚しておかねばならない。最後にレミニッセンスの現象について述べておく。記憶は学習後に徐々に低下していくことは先述したが、言語学習などにおいて学習直後よりしばらく時間をおいてからの方が再生されやすく、学習効果も上昇することが例外的に見られ、このことをレミニッセンスと言う。なぜこういう現象が生じるのか定かではない。記憶の保持には行う人のモチベーションや関心の度合いによって差が生じることや、印象的なこと、自分にとって意味のあることほど高くなることは当然のことである。

第Ⅱ章　保育・教育の場での子ども理解

第1節　心の発達理論

　対人援助職として人の心を理解するためには人の成長や発達に関する理解が必要である。特に乳幼児からおとなになるまで、人はどのような人格的発達を遂げていくのか、量的な変化のみならず質的な変化についての知識も持っておかねばならない。人の発達の過程は生物としての成熟に負う部分もあるが、周囲との相互的な関係の中で育っていく面が大きい。親や友人、教師との人間関係、地域社会との関係、自然環境や社会的環境も含め人を取り巻く重層的な関係の中で1人の人が育っていく。

　人間が生まれて早期から「社会的存在」であることは新生児の行動観察からも明らかになっている。新生児は受け身的であるのではなく、母親の匂いや声を覚え、母親が働きかける声かけに「ウ〜ウ〜」と音声で返事することも観察されており、新生児の応答性について明らかになっている。乳幼児精神医学者のスターン（Stern, D. N.）は発達早期における乳児と母親の情動状態の共有（情動調律）が、他者とともにある自己としての健康なありかたにつながることを明らかにしている。早期からの人の発達を見ていくことは対象者の行動や考え方をより深く理解することにつながる。この章では、乳幼児が出生後の早い段階から周囲の人との愛着が育っていくことと、生涯を通して人がどのような心の発達をしていくのかについて学びたい。

1）愛着関係とその発展

　動物学者のポルトマン（Portmann, A.）が述べたように人は「生理的早産」の状態で出生する。未熟な状態で生まれるために周囲の人への依存、特に母親の保護を必要とし生命の保持さえも委ねている。早い段階から乳児は母親の顔を見るようになり授乳の時の抱かれ方も学習していく。乳児にとって食欲を満たされ、あやされ汚れた着衣を取り換えてもらい心地よくしてくれる存在に対して愛情を示すようになる。母親の足音を聞くと笑みが見られるようになり、乳児からの愛情表現を示してくる。このことをボウルビィ（Bowlby, J. M.）は「愛着（attachment）」と呼び、人の心の発達に大事な基盤となること、持続的な心理的つながりを述べ、情緒的な安定感につながることを重視した。

　乳児は3か月ごろまでは場面にあまり関係なく笑みを浮かべるが、3か月頃から身

第Ⅰ部　基　礎

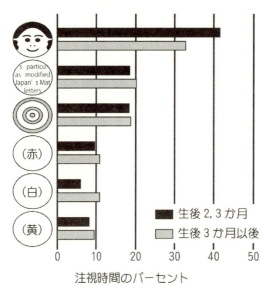

図1-2-1　図形パターンに対する乳児の注視時間の比較（Fantz, R. L. 1961）

体的に「快」の状態で笑みを浮かべる。7か月ごろになればはっきりと親に向かって嬉しそうな笑みを浮かべる。この笑みは身体的な心地よさによって生じる生理的反応ではなく、人への信頼を基盤にした弁別的な関係の成立をもとにして生じるものであり、笑み（smile）の変化からも人との関係性の深まりを見て取ることが出来る。乳児の笑みが社会性を伴った笑いになっていき、愛着関係が深まってきたことが認められる。実際、乳児からの微笑による愛着の表現は、親の方でも乳児に対する可愛らしさをいっそう感じることになり、このことからも人は応答的な関係性の中で発達していく存在であることが証明される。一方、早期の愛着関係が何らかの事情で十分でなければ、反応性愛着障害が生じることも言われている。誰にでもくっついていってしまう行動を示し基盤となる人との愛着が育たずに人との親しい関係を築けないなど後年の人間関係に影響を及ぼす。

　図1-2-1で見られるように、ファンツ（Fantz. R. L.）の実験からも乳児が早くから人の顔に対して注目し、人の顔に対する注視時間は他の刺激図版より明らかに長いことが証明される。

図1-2-2　アカゲザルの実験、針金の母ザル代理と布製の母ザル代理（Harlow, H. F. 1958）

動物の実験からも愛着について明らかになっている。1958年にUSAのハーロー（Harlow, H. F.）がアカゲザルの子ザルを使って実験した（図1-2-2）。子ザルをオリの中で育て、針金で作られた代用の母ザルと、布で作られた代用の母ザルを準備する。針金で作られた代用母ザルからミルクは与えられるが、布製の母ザルからはミルクは出ない。子ザルはミルクの欲しい時は針金の方に行くが、大きな物音や不快なことが生じると子ザルはすぐに布ザルにしがみつき、針金ザルの

方には行こうとしない。このことから動物においても安心感や安全感をもたらすものは単に食欲に代表される生物的欲求に起因するのではなく、布に代表される温かさを求めること、不安な出来事が生じた場合の安心感のよりどころは布製の母の方であることが明らかとなった。人の場合も同様であり、子どもを育てる時にスキンシップの重要性は指摘される。食欲や水分の欲求が満たされることも大事なことであるが、同時にスキンシップによる温かさによる情緒的な安定感がもたらされること、皮膚刺激による快の反応や温かい声かけは、大脳皮質の領域を刺激し知能の発達にも影響していくことも明らかになっている。反面、多数の赤ん坊を非常に限られた少ない人数の養育者が育てる場合、十分なふれあいができず、子どもに感情表出が乏しくなり沈鬱な表情を示すことや、生きる意欲さえ失う事態になることも報告されている。人が育つうえで応答的な関係性がいかに重要か、さまざまな例から明らかになっている。

2) 性格・人格の形成

特定の人との愛着関係を通して人格は形成されていくが、人格の発達に欠かすことのできないものはいわゆる「知・情・意」がバランスよく統合されていくことである。知・情・意は、知性、感情、意志を表し人間の人間たるゆえんを成すとも言えよう。性格とは、人の感情や感じ方、情緒的反応の仕方や行動様式で特徴づけられる個人的な性質と定義されるが、人格は性格よりも広い意味で、社会的に学習され形成された役割や獲得された行動様式を含めた人としてのあり方、と定義される。知能の発達と同様、性格や人格の発達にも遺伝的素質的な要因と、後年の経験や学習によって変化していく環境的な要因の両方の影響が見られる。人の性格や人格の構造やその成り立ち、人格がどのように発達していくのかを学ぶことで、教育の場において対象者へのより深い理解とさまざまな側面からの把握、そして対象者に応じた適切な支援につなぐことができる。

(1) 性格の構造

性格は元来持って生まれた生理学的で体質的な要素による面や、さまざまな場面で反応しやすい行動様式、社会的役割により身についてきた面や変化した面が見られる。心理学者の宮城音弥は性格の構造について図1-2

図1-2-3　性格の種々相
(宮城、1967)

－3のように示している。宮城によると、最も遺伝的要素が強く幼少期から見られる反応は「気質」、気質をもとに幼児期に形成されるものを「気性」と呼ばれ、勝気、強気、弱気の3種類が見られる。友人や学校、職場などで形成される習慣に反応する行動様式を持つものを「習慣的性格」と呼び、後年の社会的役割、例えば教師という役割や職人という役割など職業などに応じた性格を「役割性格」と呼び、図1－2－3の円の外側ほど後天的に形成されるものである。もともとの性格にその後の家庭環境や人間関係、生活経験が影響しその人らしさを形成していくといえよう。

(2) 性格の類型

　人の性格を分析して理解しようとする研究も心理学の1つの領域である。古くからさまざまな方法で性格の分析を試みることは行われてきている。身体体型による性格類型論として有名なのはドイツの精神医学者クレッチマー（Kretschmer, E.）によるものである。クレッチマーは、体格を痩身型、肥満型、闘士型に分け、体格の違いに伴うそれぞれの性格特徴との相関が見られることを明らかにした。またスイスの精神分析学者のユング（Jung, C. G.）はフロイト（Freud, S.）の精神分析理論を後継し人の心の深層心理、無意識の領域をさらに体系づけて理論を構築しているが、性格の類型については心的エネルギー（リビドー）の方向によって分類できることを示している。ユングによると心的エネルギーが外界に向かって働く場合を外向的、自我に向かって内側に働く場合を内向的と呼び2つに分類した。外向的な場合は関心や判断基準が外側に向くのに対し、内向的な場合は、それぞれが自分の内側に向く。しかし単純に外向か内向かという分類によるのでなく、1人の人格の中にはいずれもが混ざり合い重なり合っていて、環境や状況によって表面に見られるものもあれば奥に隠されている場合もある。さらに人の反応様式により、ユングは、思考、感情、感覚、直観の4種類の異なる反応様式のあることを示した。思考は、感情を伴わず客観的、論理的概念を通して事象をとらえる心理機能である。感情は、基本的には好き嫌い、快不快をもとに楽しい、嬉しい、悲しい、苦しいなど感情により判断する心理機能である。感覚は、感覚器官の働きを通して理解しようとする心理機能で、事象をとらえる時に色や形、手触りなどを介して把握することが多い。直観は、自身の無意識的な認識で判断した非合理的な判断基準であり他者には理解されにくいが、本質を見抜くこともある。このようにユングは外向性・内向性を基に思考、感情、感覚、直観の4種類の心理機能との組み合わせから8種類の性格類型とした。もちろん8種類の類型に区分けされるほど、人の性格は単純ではなく少しずつ重層的に組み合わされていることはいうまでもない。人の性格は人生経験の中で変化し重層化していくものであり、それ

こそがその人らしさであり魅力的な個性となる。一面的な見方にとどまらず成熟への新たな可能性を持った人格としてさまざまな面からとらえたいものである。

(3) 性格の発達

　人は周囲の他者との相互関係によって発達していくことから性格も周囲の環境の影響を受ける。環境要因として、自然環境、人的環境、文化的環境があげられる。人に影響を与える自然環境としてどのような場所や自然の下で生育したか、によって性格にも変化が生じる。人的環境としては、家庭環境としてどのような親子関係であるか、兄弟関係や生まれた順番によっても性格に影響を及ぼす。親子関係のありかたは特に影響が強く、親の養育態度が子どもに与える影響は大きい。学校などの集団生活を経験する時には友人関係や、親とは異なる教師との関係によっても大きく影響を受ける。家庭の中だけではない価値観を学び、新たな複層的な関係から人間関係を学び、性格にも影響していく。友人を受け入れ、自分も受け入れられる関係は社会における適応的な人間関係の形成にもつながっていく。性格に影響を与える文化的環境として、民族としてのアイデンティティ、文化的な価値観、自分に課せられた役割や職業等、社会参加の場での役割、いわゆる社会的アイデンティティや、広く社会状況のありようや時代による影響を受ける面も多い。性格もまたどの時期にどのような他者との関わりが生じたか、その経験から何を学んだかによって形成されるものであり、人間は終生成熟していく存在としてとらえたい。アメリカの心理学者ロジャース（Rogers, C. R.）も、「人間には自らを維持し強化する方向に全機能を発展させようとする自己実現への志向性がある」と述べ、生涯にわたって自己実現をめざす人として成長しようとする力を有していること、他者とのかかわりによって自分の人格をより良い方向に伸ばそうとする積極的な側面についてロジャースが述べていることも覚えておきたい。

3）エリクソンのライフサイクル論

　発達理論は人間に対する1つの見方であり対象者を理解する方法の1つとして的確な示唆を与えてくれる。発達理論も数多くあるが、生涯発達の立場から論じた自我心理学者エリクソン（Erikson, E. H.）のライフサイクル論から学びたい。エリクソンは、人間は一生涯、心理的に発達し続ける存在であり、人の一生はそれぞれの時期に特徴づけられる意義があるとして、生涯を通して心理発達的に意味づける考え方を示した。この理論はライフサイクル論と呼ばれる。ライフサイクル（人生周期）を乳児期から老年期まで8つの段階に分けて、段階ごとに意義付け、その時期に必要な発達的な課題に注目したことが特徴である。各段階に見られる心理的特性とその時期に影

響を及ぼす重要な人の存在、そして心理的危機について明らかにした。各時期の心理的危機には、それぞれ肯定的側面と否定的側面が見られるが、これは白か黒かという二分ではなく、どちらも私達の心に属し、両者のバランスをとることが大事と言われている。肯定的側面と否定的側面の葛藤を乗り越えていく過程こそがその人らしさをもたらすものである。また、人は社会との関係性の中で生きていくことを重視し、各段階に関係性を築く重大な人の存在に注目した。たとえば第1段階の乳児期であれば、母親が重要な社会的関係の存在となり、第5段階の思春期・青年期では、友人ということである。エリクソンは特に第5段階を重視し、「アイデンティティの確立」を重要な概念としている。

　エリクソンのライフサイクル論にもとづく8つの段階とその心理的意義について表1－2－1で示し、各時期の心理的特徴について概観したい。

(1) 第1段階：乳児期（0歳～1歳ごろ）
　第1段階は出生後から歩行し言語を獲得する位までの約1年半の期間を言う。人は未熟な状態で生まれ生命の維持さえ周囲の環境に依存している。とはいえ最近の発達心理学研究から人の超早期に周囲の人（ほとんどが母親）への働きかけが単に受け身的とは言えないものがあることも確かである。人は生まれた時から周囲環境、特に人

表1－2－1　心理社会的発達の8段階（Erikson.E.H.1977）

ライフステージ	段階	心理・社会的危機	貴重な対人関係の範囲	貴重な対人関係の範囲
Ⅰ	乳児期	信頼　対　不信	母親的人物	得る お返しに与える
Ⅱ	幼児期前期	自律性　対　恥、疑惑	親的な人物（複数）	保持する 手放す
Ⅲ	幼児期後期	積極性　対　罪悪感	基本的家族	思い通りにする （＝追いかける） まねをする（＝遊ぶ）
Ⅳ	学童期	勤勉性　対　劣等感	"近隣" 学校	ものをつくる（＝完成する） ものを一緒につくる
Ⅴ	思春期・青年期前期	同一性　対　同一性拡散	仲間集団と外集団 指導性のモデル	自分自身である（または自分自身でないこと） 自分自身であることの共有
Ⅵ	青年期後期（成人期初期）	緻密と連帯　対　孤立	友情、生、競争、協力の相手	他者の中で自分を失い、発見する
Ⅶ	成人期（壮年期）	生殖性　対　停滞	分業と共同の家庭	世話をする
Ⅷ	老年期	自我統合　対　絶望	"人類" "わが種族"	過去各種によって存在する・存在しなくなることに直面する

との応答的相互的な関係を通して生きていく。人の「社会的存在」と言われるゆえんである。さて乳児は限られた行動の中で周囲の人（母親）に働きかけ、それに応じた返答がかえってくることで、徐々に外界に対する信頼感を高めていく。授乳時のくつろぎ、深い睡眠、排泄を通して信頼や親しみの感情を味わっていく。母親の側も乳児の世話をこまごまとする中で子どもから信頼されているという確信を抱くようになり、同時に子どもの中に信頼感を植え付ける。エリクソンはこのことを「基本的信頼感（basic trust）」と名付け、心の第一段階の発達で後に続く段階の基盤となるものである。母親がこの時期の重要な人物となるが、母親に代表される外界に対する十分な信頼が得られない場合、心理社会的危機として「不信」が外界に対しても自分自身に対しも生じてくる。

(2) 第2段階：幼児期前期（1歳〜3歳ごろ）

　身体機能や筋肉の発達が進んでくると外部からのコントロールに応じて自ら調節して排せつや食事なども行うようになる。このことが可能になると幼児は環境を掌握したことで自分に力の備わっていることを経験する。第2段階の発達で獲得するものは、「自律性」である。一方、自律性の獲得が不十分である場合、不完全な状態を他者に見られることで生じる羞恥心や「恥」の感覚、出来ていない自分に対する怒りや疑問が心理社会的危機としてあげられる。この時期の重要な人間関係は日常の世話を担う母親や父親が中心となる。

(3) 第3段階：幼児期後期（3歳〜6歳ごろ）

　この時期には子どもは歩行もしっかりして言葉も獲得し、自分の周囲に好奇心や関心を引き付けるものが非常に多くあることに気づく。エリクソンは「あらゆるものに対する新しい希望と新たな責任の構成要素となる」と述べている。反応が活発になり他者への働きかけも積極的になる。獲得される発達課題は「自発性」である。自発性に基づいて新たな目標や行動を起こすが、はるかに優れた他者がすでにいたりして十分な結果が得られず「罪悪感」という心理社会的危機を味わう結果になる。そこで自己調整を行うことで克服しようとする。外界へ盛んな探索活動が増え積極的に活動する。親との人間関係は重要であるが、多くの子どもが幼稚園や保育所で保育者や友達とのかかわりが増えていく。拡大家族的な人たちとの関係が重要となり小集団での人間関係が重要となる。

(4) 第4段階：学童期（小学生・児童期）

　学校に行く段階の子どもは学校生活の中で一定の知識や技能、人間関係における基本的な振舞い方を身につけていく。このことは将来、子どもが社会的に自立して自分の仕事を見つけそれを維持していくこと、他者との協力的な関係を持つこと、親密な人間関係を維持することに役立つものとなる。子どもは学校生活を通してさまざまなことを学ぶが、同年齢の他の子ども達と1日の時間をともに過ごす中では、自己主張ばかりではなく相手の主張に応じることや、基本的な学びを習得するためには一定時間は忍耐強く学び続けなければならないことを経験する。このことを通して一定の成果を出すことの喜びや達成感を体得するので、この時期の発達課題は「勤勉性」と名付けられる。勤勉という意味の中には他の人々と一緒にさまざまなことをする、という意味も含まれている。一方、他の人たちとうまくやっていけないことで脅かされる心理社会的危機として「劣等感」が指摘される。知的好奇心が盛んになり知識や技能も上達していく。重要な人間関係は家族および学校の中での人間関係が大きな要素を占めてくる。

(5) 第5段階：思春期・青年期（中学生・高校生）

　この時期は急激な身体的成長と性的成熟が顕著になる時期であり、身体的変化に伴う心理的動揺も目立つ時期である。学校や家庭において様々な疑問を呈したり問題が見られたりすることも多い。第5段階の前半は内的思考も深まらないため多くの子どもは悩みながらも解決できない曖昧な状況を経験することとなる。この時期特有の繊細さや純粋さも見られ、激しい行動化の生じることもあり、大人になる前の疾風怒涛の時期とも形容される。エリソンはこの時期に起こりつつある統合を、学童期までの同一化の総計、と述べてこれまでの自我の能力の積み重ねられた経験である、と述べている。そしてこのことが将来の職業の選択や生き方に結び付く「自我同一性」の形成につながっていくことを理論づけている。この時期は学童期と成人期の中間であり観念論的心性であり、成人になるまでの猶予の期間としての心理的特徴についても述べている。成人としてのさまざまな自己決定にまだ時間のかかることはやむを得ない面があり「青年期モラトリアム」の時代とも呼ばれる。この時期の多くの人は試行錯誤しつつ自分が何者かという「自我同一性（identity）」を獲得していくが、一方、社会的役割の混乱が生じれば「同一性の混乱」が生じる。これがこの時期の心理社会的危機となる。重要な人間関係は友人や仲間との関係、教師や指導者、先輩などとの関係である。

(6) 第6段階：成人期初期（20歳代）

　青年期から成人期初期に入ると、より親密な関係を求め維持し、半永続的な関係性に至ることにもつながる。これは異性との出会いのみならず同性の親密な友人関係でも維持されるし、仕事との半永続的な関係ともいうことが出来る。仕事においても人間関係においても協力し相互的な信頼を築き分かち合うことが出来るようになり、次の段階で実りをもたらしうる。そのためこの時期の発達課題は「親密性」と呼ばれる。一方、他者と親密になることを避けることで心理社会的危機が生じるが、このことについては「孤独（孤立）」と呼ばれ次の時期に至る課題に困難が生じる。自分自身が確立すると同時に同性、異性の親しい友人関係を形成していく。

(7) 第7段階：成人期（30歳代〜65歳ごろ）

　最も生産的に仕事をしたり、家庭生活を営んだりする時期で年数も長い。これまでに培った経験から自己の関心を拡大し、多くの人は仕事を通して教えたり生み出したり、次の世代を育てたり、創造したりする。成人期初期の段階で見出した親密な人間関係や自我同一性を実現する仕事の中で自分らしく豊かに成熟していく。その意味でこの時期は「生産性」「生殖性」と呼ばれるが、これは生物的な意味ではなく、心理的な意味を持つ創造的なものである。エリクソンはこの時期の発達課題として、結婚、出産、仕事をあげている。親から精神的にも経済的にも独立して自分の価値観を実現していく。一方この時期に生産的なことに携われない場合の心理社会的危機として「停滞（または沈滞）」と呼ばれ、深刻な事態を引き起こす。重要な人間関係は、家族、職場、社会の人間関係となる。

(8) 第8段階：老年期（65歳以降）

　最終段階である第8段階はこれまでの7つの段階が結実して迎える時期である。エリクソンは「自我の統合」という言葉で自我の中に蓄積された確信として述べている。家庭生活や職業や仕事、あるいは自己実現の過程を通して自分の中に蓄積された確信である。得られた確信の精神的意義を次世代に伝えること、引き継ぐこと、このことを通して人は時間や空間も超越して宇宙の1つとしての自分の存在を受け入れる。それゆえに身体的な死に対する痛みや恐怖が克服される。一方、この時期に人生を振り返って自我の統合が欠如していると、すでに残された時間は少なくやり直すことができず、「絶望」という心理社会的危機が生じる。そうならないために各段階で新しい自我の特質を積み重ね、葛藤を1つひとつ解決して社会の中で信頼できる相互関係を拡大していくことで心理的危機に至らないであろう。この時期の人間関係は自分の周り

の人々との関係のみならず、人類や未来といった抽象的な関係も含めてエリクソンは考えており、人間を身体的、精神的、社会文化的存在としてとらえる。その統合の中心に自我をおいてライフサイクル論を体系づけた。各時期を概観することで私達が学ぶべきことは多い。

第2節　現代社会における子ども理解

　最近の保育・教育の場では早いスピードで変化のある社会全般の影響を受けて子ども達の置かれている環境も子どもを取り巻く人々の価値観もさまざまに変化している。保育者や教員も変化に合わせて柔軟な取り組みをしているものの予測のつかないことも多く、社会の構造的変化をふまえた一層の子ども理解が必要とされる。この節では、これまで学んだ子どもの心の発達における基礎的な理論をもとに、昨今の保育・教育現場での問題を知り、子どもや家庭への心理的支援について考えを深めたい。

1) 子どもを取り巻く社会状況

　日本は今までにない少子高齢化社会を迎えており、2013年の出生率は1.43と低下し子どもの出生数も2016年に100万人を下回り、社会問題にもなっている。この背景には子どもの出生や育児に関する経済的負担感や、保育所待機児童の問題などに見られるように安心して子どもを預けられる場所の不足、養育に関する心理的負担感なども指摘されている。さらに1986年に施行された男女雇用機会均等法により女性の社会進出が加速したこともあり、女性の自己実現の場が多様化したことも一因である。社会全般に見られる急激なグローバル化が進んでいることも、それ自体は社会の進歩にとって大事なことであるが、それらの変化に私達の生活がついていかず混乱が生じていることも事実である。インターネットの日々進化する状況、幼い子どもの世界においてもネット社会の影響も強く及び、人々の生活スタイルの変化もめざましい。子どもを取り巻く環境に従来の方法や考え方では対応しきれない面があることも確かである。多くの子育て家庭では子どもとの時間を取りたくても十分な時間が確保されないこと、就労に親の時間が多く取られ疲労感の蓄積されること、子どものことで悩みや葛藤が生じた場合も各家庭に判断がゆだねられ方向性が見出しにくい、などの状況も多く見受けられる。

　このような状況の中でたとえば児童虐待の問題についてみると児童相談所への虐待の可能性があるのではないか、という通告件数は非常に増えてきている。図1-2-4に示したように2016年には122575件となっているが、この数は2006年の約3.2

第Ⅱ章　保育・教育の場での子ども理解

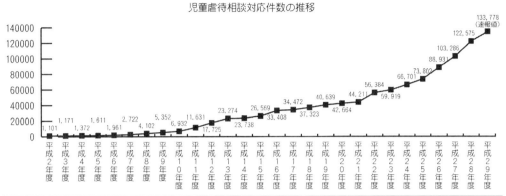

年　度	平成20年度	平成21年度	平成22年度	平成23年度	平成24年度
件　数	42,664	44,211	注56,384	59,919	66,701
対前年比	105.0%	103.6%	—	—	111.3%
年　度	平成25年度	平成26年度	平成27年度	平成28年度	平成29年度（速報値）
件　数	73,802	88,931	103,286	122,575	133,778
対前年比	110.6%	120.5%	116.1%	118.7%	109.1%

注）平成22年度の件数は、東日本大震災の影響により、福島県を除いて集計した数値。

図1-2-4　児童相談所における児童虐待対応件数の推移（厚生労働省、2016）

倍、1996年の30倍にものぼる。このことの背景には、2004年に「児童虐待防止法」が改正されて「虐待を受けたと思われる子どもを発見した場合は、児童相談所もしくは市町村、都道府県の福祉事務所に通告しなければならない」と定められたことや、通告はすべての国民に課せられた義務、とされたことも反映している。しかし子育て家庭に孤立感や負担感を感じる人が増加し、そのストレスがより弱い立場にある子どもに向かうといった側面も否定できない。子育ては当事者の家庭だけでなく地域の住民全てが子育てを支え、ともに子どもを育てるという視点が必要であるにもかかわらず、子育て中の家庭に過度の負担が課せられていることも事実である。子どもの安全で健やかな育ちに私達すべてが関心を持ち、それぞれの立場で支えられることを共有することは必要であり、なかでも子どもを支える最前線の立場にある保育者・教育者の果たす役割は非常に大きい。

2）小1プロブレム問題

　昨今の保育や教育の場で話題になることが多いのは「気になる行動の見られる子ども」の増えていることである。先述した社会状況の変化の影響もあることや、その結果として様々な年代の人とのかかわりの減少、インターネットの普及により物とのかかわりを中心とするライフスタイルによる影響も多い。2005年の中央教育審議会答申

の中での「子どもの育ちに関する現状調査」では「子どもの自己中心的行動、コミュニケーション不足、自制心の欠如」が増加したことが指摘されている。兄弟が少ないことや子ども同士の遊びの実体験の少なさなどが子どもの世界における人間関係に反映し、自然に培われる人間関係上の知識や経験が積み上げられなくなっている。人との関わりが苦手で、ごく少数の決まった友達としか関わらなかったり、怒りや衝動の統制に弱くちょっとしたことでトラブルが生じやすかったり、いったんトラブルが生じると仲直りすることや関係を改善する方法が見つからない、などが往々にして見られる。欲求不満耐性（フラストレーション・トレランス）の弱さが認められることが多い。欲求不満耐性について、ドイツの心理学者ローゼンツワイク（Rosenzweig, S.）は「不適切な反応の方式に訴えることなく、フラストレーション（欲求不満）に耐えうる個人の能力」と定義しているが、同じ状況におかれても、フラストレーション反応を起すか否かは個人によって異なり、その耐性は発達によるだけでなく、学習や経験の結果に応じて強化されるといわれている。私達はさまざまな場面で欲求不満な状況に置かれるので、どのような状況においても、理性的に忍耐強く問題に対面していくことが必要とされる。もちろん生命の危険に及ぶような安全が脅かされる状況を言うのではない。

　現代の保育・教育の場の問題として指摘されるこのような内容について、幼稚園・保育園から小学校への移行期には「小1プロブレム」と呼ばれ、一定時間の着席ができない、先生の話が聞けない、規範意識が低く公共の物を大事にしない等が指摘される。小学校から中学校への移行期には、生徒と教員の距離が小学校ほど近くなく中学生には自分で判断し行動することが求められることの戸惑い、などから「中1ギャップ」と呼ばれる現象も起きる。小1プロブレムも中1ギャップも環境の変化に戸惑うことから見られることではあるが、子どもの育ちの面から、特に社会性や人間関係などの側面が育ちにくくなっていることも一因ではないだろうか。ある程度の欲求不満耐性やソーシャルスキルの身につきにくい子どもも多く見られるが、こうした子どもの気になる行動は従来の対応だけで解決しないことも多く、多くの学校の喫緊の課題となっている。幼児期から児童期、さらに思春期への移行の際に切れ目のない支援を継続することや、組織間で守秘義務を守りながら申し送りをすることも必要である。子どもの育ちを支えるために保育園等では組織内の協働や連携が重要とされ、学校では「チーム学校」として全教職員で協働して対応することも模索されている。必要に応じて外部の専門家と連携するコンサルテーション（脚注1参照）も取り入れられるこ

---

[1] コンサルテーション（consultation）：社会学者のキャプラン（Caplan, G.）によって定義さ

とは日常的となっており、多様な問題の解決のためには組織をシステムとしての体制を構築し、幅広い選択肢で対応することが必要となる。

3）子育て家庭への理解と支援

　現代社会における子どもの生活状況や子育て環境の状況が従来と大きく変化していることを鑑み、2015年に「子ども・子育て支援制度」が施行された。子育て家庭への支援が明文化されたことによって保育所や幼稚園、学校等での保護者支援はこれまで以上に重視されるようになった。この背景には先述したように子育てにおける不安や孤立感、価値観の多様性、ひとり親家庭の増加による経済的問題や負担感、また児童虐待相談件数の増加など、さまざまな背景から課題が生じているからである。たとえば、ひとり親家庭の状況から考えると複数の仕事を掛け持ちせねばならず親子ともに負担感の多いことは予測される。近年、話題になることの多い子どもの貧困もまた現代社会に見られる子どもに関する問題の1つである。統計的に約6人に1人の子どもが貧困の状態にあり、食事も手作りのものは少なく必要な場合に医療に受診できない子どもも生じている。義務教育の終了後の選択肢も経済的理由であきらめざるをえないこともある。子育てをしている家庭にのみ責務を負わせるのではなく、関係者や地域住民も含めて皆で子育てを応援することが必要である。親子を1つのまとまりとして把握し、その周囲に支援のネットワークを構築しはりめぐらせ、必要に応じて活用できるように、また支援者相互も個人情報の保護には努めつつ、必要な情報を共有して層の厚い支援を組み立て、子どもの精神的な成長を支えていくことが未来を拓くことにつながる。

第3節　事例を通して学ぶ

1）子どもの心と身体に関する問題と支援

　私達は人生の中で多くの不調や病気に遭遇するが、その原因には心や身体がバランスを崩して症状に現れるということが多い。大人の場合もこういうことが起こるが、子どもの場合、身体的、精神的に未熟であるがゆえに不調の症状も子ども特有のものが見られ、その原因も心か身体か区別のつきにくいことも多く見られる。子どもの場

れた。問題解決のために複数の専門家が行う相互作用の過程。コンサルティ（直接対象者とかかわるキーパーソン）が異なる分野の専門家（コンサルタント）から助言を参考にして対象者の問題解決を図る。コンサルタントは間接的支援を行い、両者は対等の立場で行い専門家同士の作戦会議と位置づけられる。

第I部 基礎

合、言語化が十分でないため何がひきがねとなっているのか、本人につかみにくいため全体的な様子を丁寧に観察しなければならない。たとえば反復する腹痛の訴えなどの場合、腹部に身体的な原因があるかどうか、風邪の可能性などを考えるが、身体因が何も確認できないにもかかわらず頻繁に腹痛を訴えるなどの場合、心理的な要因が考えられる。腹痛により心理的な問題を訴えている可能性がある。

児童精神科医のカナー（Kanner, L.）は「身体症状は、隠されている問題を考えるための入場券であり、心の中に悪いことが起こりつつある信号である。身体症状は自分の内的な力を失わないための安全弁となり、自分を救い、心の問題を解決する手段となる。」と述べ、表面に出現した症状を通し、その奥にある欲求不満や環境への不適応に着目することが解決への糸口になると考え、症状を積極的な意味として捉えている。身体症状が見られることにより心理的な問題が明らかになり本質をとらえる手掛かりとなる。

心身症（psychosomatic disease）について日本心身医学会では「症状の発現に自律神経系、内分泌系、免疫系が関与し、心理社会的因子と身体的障害の間に時間的関連のあること」と定義されている。身体症状が見られると同時に、診断や治療に心理的配慮が特に必要とされる状態で、子どもの場合は心身ともに発達途上にあるため、さ

表1-2-2　心身症として見られやすい主な症状

	乳児期に見られやすい心身の反応	幼児期に見られやすい心身症	学童期に見られやすい心身症	思春期に見られやすい心身症
特徴	心身が未熟で未分化であり全身的な症状になりやすい	軽微な症状を反復して訴える	学校や家庭生活で行動上の問題を伴いやすい	身体的、精神的な発達や変化が著しく特徴的な症状が見られる
症状の背景として考えられる要因	・不十分な愛着関係 ・心理的基地としての親子関係の不確立 ・不適切な養育環境（虐待、放任等）	・安心感が得られず情緒的に不安定 ・身体活動が不十分 ・生活リズムの不安定	・不適切な生活習慣や食生活 ・不安や過度の緊張 ・集団不適応 ・学業や生活における過剰なストレス	・全般的な不安や過度の緊張 ・強い葛藤 ・不安定な人間関係 ・身体的変化への強い戸惑い ・学業や生活、将来に対する強い不安やストレス
見られやすい行動や情緒面での障害	・頻繁な指しゃぶりや爪かみ ・頭打ち ・発育不十分	・神経性習癖（チック、吃音、緘黙など） ・夜驚症 ・周期性嘔吐 ・憤怒痙攣	・チック ・反復性腹痛、頭痛 ・気管支喘息 ・夜尿症、頻尿 ・頻繁な下痢や便秘 ・抜毛癖 ・関節痛など運動の障害	・不定愁訴 ・起立性調節障害 ・神経性食欲不振症 ・過換気症候群 ・頻脈 ・過敏性腸症候群 ・対人恐怖 ・強迫症状

〔資料：生野（1992）『小児心身症の特徴』を参考にして作成〕

まざまな形に症状が現れる。身体因によるものか心因によるものか判然とせず、症状の発現には本人の発達課題が隠されていることも多いが、子どもの心身症の症状もよく見られるものであり、そのことで子どもの直面している葛藤や成長への課題を見出すことができる。年齢別による症状の特徴は表１－２－２に示す。

　保育園や学校などで身体症状の訴えのある子どもが見られる場合、まず身体的要因からその原因を探るが、身体的要因だけでなく心理的要因や環境的要因が反映していることも多い。架空の実際例をあげて検討してみたい。

・・・小学校４年生Ａさん（男子）・・・
―― Ａは両親と妹の４人家族。幼児期は特に問題は見られなかったが４年生になって学級が変わったころから緊張が強くなり、頻繁なせきこみが見られ始めた。男子の中でも力の強い子どもが目立ち始めＡは運動も得意ではなく動きもぎことなく、からかわれたりする場面も見られる。家族の中でもしっかり者の妹に比べると自己主張も弱く、妹に言い負かされることも多い。思ったように自己主張ができない様子である。近所に住む祖父母は長男のＡに期待が高く干渉する傾向もある。Ａは身体的に特に弱さはないのだが、季節の変わり目に激しくせき込み、夜中にせき込むと睡眠も断眠されがちになる。息が苦しそうなので母親は起きて背中をさすたりする。医療機関を受診したところ、気温の変化に伴うアレルギー反応と診断され、投薬も受けるようになった。しかしちょっとした刺激でせき込み最近では授業時間中に緊張する場面や皆の前で発表する場面などで激しくせきこむこともあった。
―― 担任の教員は医療機関からの助言も受け、身体面だけではなく学級内の状況、家族の関わりも含めてＡの緊張する場面について検討した。過度な緊張を作らないことをこころがけ、Ａが安心してリラックスできる状況を考え、家族にもそうした状況を作ってもらうように話した。また「今日も発作が起きるかもしれない」などの予期不安が生じるような言葉をかけないように助言した。Ａの父親は休日には短時間でもともに活動できるようにと考え、鉄道の好きなＡを大きな駅に連れて行ったり、一緒に図鑑を見たりするなど楽しみを共有できるように考えて関わるようになった。このことは母親にとっても養育の負担感が軽減することとなった。学級の中ではＡが力を発揮できる場はないかと検討し、小グループ活動でＡも安心して行動できるようにし、グループのメンバーにも配慮をした。また気持ちのやさしいＡを低学年のリーダー役として学年を越えた取り組みの時には活躍できる場を設けた。

第Ⅰ部　基　礎

―― このような取り組みを続けた結果、季節の変わり目にアレルギー反応は見られるものの激しく咳きこむことは減少し、校庭で積極的に活動する姿も多く見られるようになった。小集団の中では友達をリードする場面もあり自信につながってきたようである。症状の強く出る時は投薬も行っているが、家族が服薬させるのを忘れるほど、症状も目立たなくなってきている。Aは野球クラブに入りたいと言い出し、家族は適当なチームがないか探し始めた。

―― Aは気管支喘息という診断を受けていたが、この症状は身体的な脆弱性に心理的な要因も影響して見られることが多く、子どもの心身症でよく見られる症状である。緊張する原因をできるだけ取り除き、安心して過ごせるように配慮し症状には過度にこだわらず他に関心を向ける工夫、失敗をこわがらないことや身体を丈夫にしていくこともよい効果をもたらす。

2）発達の偏り・発達障害への支援

　第2節の「小1プロブレム」の中でも述べたが、最近の保育園や学校内での問題の1つに、子どもの行動上の問題、注意が持続せず離席が多い、友人関係が育ちにくくトラブルが多い、社会規範が守れず自己中心的な行動が見られる、などが見られる。それらの問題についてどのように理解し支援を組み立てていくか教育の場での主要な課題の1つとなっている。このような行動の見られる子どもの中には、発達的な偏りの見られることや発達障害と診断を受けている子どももいる。文部科学省の全国調査においても発達障害の比率は約6.3～6.5%であることが明らかになっており、学校のみならず日常生活にも配慮が必要とされる。発達障害は、以前は学習障害、注意欠陥・多動性障害、高機能自閉症に分けられ障がいの背景には中枢神経系の機能障害があると推定されていた。2005年に施行され、2016年に改正された「発達障害支援法」においても発達障害を対象にした法的支援が定められている。2007年には文部科学省が「特別支援教育の理念」を作成し、一人一人の教育的ニーズを把握した適切な指導や支援を行うことを全国の学校に推進しており、発達障害を含む特別支援教育が各学校で取り組まれるようになった。また2013年にDSM-5に改訂され翌年日本でも翻訳されたため、発達障害は神経発達症群のカテゴリーに包括されることになった。発達障害は、知的障害はないが対人関係やコミュニケーション上に問題があることが多く社会性の育ちに偏りが生じることが多い。集団生活を基本とする保育や学校教育の中で問題が見られることも多い。文部科学省の通達により幼稚園から高等学校まですべての学校に対して、個別の支援や指導が必要な幼児・児童・生徒の一人一人の教育的ニーズを把握し適切な指導や支援を校内組織の中で位置づけ、特別支援教育コーディ

ネーターを中心に組織的な実践が行われるようになっている。国際的にも 1994 年のサラマンカ声明で、特別なニーズ教育における政策や実践の検討の必要性が定められ、発達障害だけでなく民族や文化の違い、少数者も含めて学習上の困難を経験しているすべての子どもを対象にした「万人のための教育（Education for ALL）」と高らかに掲げられた国際的な潮流とも重なり合っている。特別支援教育の広がりにより発達の偏りの見られる子どもへの支援は手厚くなっているが、個別の教育的配慮には多くの工夫が必要とされる。DSM-5（精神障害の診断・統計マニュアル第 5 版）で発達障害は「神経発達症群/神経発達障害群」のカテゴリーに分けられているため、以下の説明も DSM-5 による解説に基づいている。

(1) 現局性学習症（LD: Learning Disorder）

　以前は学習障害と呼ばれ、教育分野で支援や配慮の対象となることが多い。全体的な知的障害はなく（IQ70 以上）、極端に劣悪な環境でなく、本人も努力しているにもかかわらず、学習上の困難が見られる場合である。学習上の困難は、聞く、話す、読む、書く、計算する、推論するなどのいずれかの領域において著しい困難が見られる。空間把握の苦手さや不器用さを伴うことが多く、姿勢や身体のバランスが悪い。対人関係で大きな問題は生じにくいが、受け身的になりやすく自信を失いがちになることもある。苦手なことを指摘するだけではなく得意な面を伸ばすなども行い、自己肯定感情（self esteem）が育つように支援することが必要である。読むことや書くことの苦手さのある子どもにノートや下敷きや大きなマス目を用いて工夫するなどさまざまな支援の手立ては増えてきている。本人の特性に応じた指導が必要とされる。子ども全体の約 4.5％に見られるが、あまり目立たず気がつかれないこともある。DSM-5 では「限局性学習症（現局性学習障害）」として神経発達症群に分類されている。

(2) 注意欠如・多動症（ADHD： Attention - Deficit/ Hyperactivity Disorder）

　以前は注意欠陥多動性障害と呼ばれていた。年齢や発達段階から見て逸脱した多動、落ち着きのなさ、衝動性や極端な不注意が見られることが多く、DSM-5 では、12 歳未満から、学校、家庭、職場など複数の場面で持続する発達水準に不相応な不注意、多動性、衝動性が見られる、と指摘されている。文部科学省の調査では子ども全体の約 2.5％の比率でみられると言われており、落ち着きのなさや注意散漫のために忘れ物が多く整理整頓が極端に苦手なため学校など集団生活で問題になりやすい。対人関係面で他者の表情から読み取ることの苦手さや気に入らない場合に衝動的な行動が見られることもあり、教員からの注意や叱責を受けることも多い。そのため自己肯定感

第Ⅰ部　基　礎

が低下して二次障害を引き起こすこともある。得意な面を認め育てていくことや、適切な行動の習得など社会生活に必要な行動や、ソーシャルスキルの育ちを長期的に組み立てて支援することが必要である。本人の特性の部分を責めたり叱責したりせず、家族も育て方の問題などと自分を責めたりせず正しく理解すること。日常生活や学校生活で協力して個別の支援計画を立てていくことが必要とされる。DSM-5では、神経発達症群（神経発達障害群）の中の注意欠如・多動症と記載されている。

(3) 自閉スペクトラム症/自閉症スペクトラム障害（Autism Spectrum Disorder）

　以前は広汎性発達障害やアスペルガー障害に分けられていたが、DSM-5では「自閉スペクトラム症」として包括された。特徴として対人的相互作用の障害、対人コミュニケーションの障害、行動、関心と活動の限局反復的な様式が指摘されている。人との会話や他者の表情を読み取ることの困難、情緒的相互性の乏しさなどの特徴が見られる。コミュニケーションにおいて言葉の遅れは見られにくいこともあるが、言葉に含まれる意味の理解や語用論の障害、冗談やユーモアが通じにくい。双方向の会話や言葉の背後のメッセージが読み取りにくい。子ども全体の0.8～1.0％に見られると言われている。頑ななこだわりや限局的な興味関心を示すことも多く、場面や状況に応じた柔軟な対応を取ることは苦手で、急なスケジュールの変更が生じるとパニックになったりする。限られた対象に強い関心やこだわりを示し独特の興味を持つこともある。感覚刺激の反応に過敏さや鈍感さが見られることもある。興味がある得意な分野では優れた能力を示し高度な専門性を身に付ける場合もあるが、学童期や思春期は友人関係で理解されにくく孤立し、不安や抑うつ感が生じることもある。本人の得意な面を認め苦手な領域も含めて長期的な支援が必要であり、先述したソーシャルスキルの習得も有効である。本人の特性を理解し、スケジュールをあらかじめ知らせることや、感覚過敏が見られる場合は過剰な刺激を避けること、対人関係における年齢に応じたルールの習得など長期的な支援が必要である。集団生活の中で安心して過ごせる環境を作ることも必要である。家族や周囲が本人の特性を理解し気遣いつつ見守り、対人関係能力の育成に支援していくことが必要である。

　発達障害の診断を受けている子どもや診断は受けていないが発達の偏りが見られる子どもも多く見られる。よく見られる事例を通して理解を深めたい。事例は架空である。
　・・・中学2年Bさん（女子）・・・
　　――　Bは小学生の時から集団行動が苦手で限られた友達とは話すがクラスの中で

は消極的な行動をとりがちであった。年齢に応じて普通に行う行動、たとえば電話をかけたり受けたりする、冗談やユーモアを言う、年下の子どもの面倒を見る、などに苦手感があり困っている様子が見受けられた。勉強は科目によって得意、不得意があり、興味のある科目は1人で図書館に行って調べ進めていくことができるが、苦手な科目、体育や音楽はリズム感に欠け動きもぎこちなく他生徒に笑われたこともあり、苦手意識が強くなっている。

―― 5人家族で両親と本人、妹、弟がいる。母親は本人の様子が他の兄弟とどことなく違うことに幼少のころから心配していた。幼児期も妹や弟が泣くとあやすことなどは出来ず困ったように立ちつくし、時には耳を塞ぐ行動をとっていた。Bは1人、部屋で本を読んでいるとおとなしい子どもだった。小学校の高学年から中学にかけて、Bの個性は際立ってきて仲のよい友達がいないことや、必要な場合に人に伝達が出来ないこと、などが見られ母親は心配している。先日の学級活動の時も予定の変更が分からず駅で数時間待っていた、ということがあった。登校を嫌がることも時々見られるので保護者は担任の教員とも話し合いの機会を持つようにしている。

―― 担任教員は、Bの興味の持つ科目に大きな差のあることに気づいており、科目の成績も優秀な科目と不出来な科目に差が目立つことを感じていた。また学級の中でも他生徒が何気なく言った言葉、髪型のことや、Bさんが本を読んでいると「何の本読んでるの？」といった程度の話題に非常に戸惑ったり嫌がったりする様子のBの特徴が気になっていた。Bと個別の面談をすると、困ることは「休み時間」と話し、休み時間は決まってことではなく何が起こるか予測できないことや、休み時間にどのような行動をとればよいかわからず仕方なく本を読んで過ごしていることを聞き取った。

―― そこで担任は昼休みの時間に「おしゃべりタイム」を設定し、誰でも参加できる空間を設けた。ちょっとしたゲームや漫画なども置き自由に過ごせるが後片付けなどの一定のルールも決め、ソーシャルスキルトレーニング（SST: social skill training）の場となるように計画した。同時にBの保護者面談も行うが、定期的に校内のスクールカウンセラー（SC）と面談してもらうようにし、SCとの連携を図った。養護教諭とも連携しBが教室で過ごしにくい時の居場所を確保してもらった。

このような取り組みが校内全体の協力体制のもとで行われた。家庭ではBの苦手な面を変えようとするのではなく、無理せず母親と一緒に調理をする機会も作ってみた

ところ、料理がおいしく出来上がり家族からも認められるようになった。Bも家族に喜ばれることで自信を得たようであった。本人の興味を生かした進路を本人と教員、保護者を交えて検討しているところである。

第Ⅲ章　心の問題への理解

第1節　適応・不適応

　現代社会は日々変化するITの発展やグローバル化による多種多様な情報量や社会構造の変化などめまぐるしい動きの中で、私達は多くの情報や刺激にさらされながら生活している。都市生活においては核家族化や単身世帯の増加も多く見られることから家族関係も従来とは異なるさまざまな形が見られる。職場や地域社会においても他者の生活に必要以上に入り込まないライフスタイルが浸透し、その結果、人間関係も浅く淡白なものになっている。困難なことがあっても他者に相談するよりも自己責任という考えのもとに自分で解決を図らなければならないことが多い。多くの便利で快適な消費物が増えているにもかかわらず、常に追い立てられ一定の生活を維持しようと焦り、人との交流を楽しむ時間や自分を取り戻すための時間を失っていることも多いのではないだろうか。現代社会に生きる私達は多かれ少なかれこのような問題を持ち、ふとした時に自分自身の精神的エネルギーがすり減って枯渇していることを自分や家族に何らかの問題が生じたりして始めて気づくということも多く見られる。子どもから大人、高齢者にいたるどの年代の人も、現代社会の持つ必然的なストレスに立ち向かっている。困難な問題は誰にでも多々生じるが、問題が生じた時こそ自分の生活や生き方を見つめなおす時であり、次に進むために立ち止まりふりかえる必要のある時と言えよう。外からは停滞しているように見えても自分の内側を整え、エネルギーを貯え、新たな一歩を踏み出す準備をしている時期と前向きにとらえたい。

1）不適応とは

　私達がこのような現代社会の目まぐるしい変化に応じて自分を柔軟に合わせながら、自分の心の内側にも大きな矛盾なく自分自身と一致して過ごしている状態を「適応している」と言う。適応には大きく分けて社会的な適応を表す外的適応と、自身の感情や価値観に沿っている状態の内的適応に分類される。外的な適応のみに比重が高ければ自分を過剰に抑え無理をするという状態に陥る。また内的に適応していても周囲との和やかな人間関係が形成されず仕事の遂行にも支障が生じる場合に社会的適応に困難が生じることもある。外的適応も内的適応もバランスがとれることが重要であり、両者が互いに影響して合うことも多く見られる。

外的適応には、環境として周囲の自然環境や社会環境や生活環境を指すが、学校や職場、地域での人間関係も影響する。周囲の環境や人間関係との折り合いがついているかどうかは私達の精神状態に強く反映する。また学生であれば勉学の内容が自分の興味関心と合っているかどうか、社会人であれば仕事の内容や質が自分と合っているかどうか、長時間労働やオーバーワークになっていないかどうかなども外的適応に影響する。ストレスになる事象が外側の要因から見られるものである。

　内的な適応には自分自身の気持ちや感情、価値観とのおりあい、主体的に取り組んでいるか否か、自分自身の真実性と一致しているかどうかが影響する。外界に合わせすぎて自分自身が無理をし過剰適応の状態にあれば自分を見失うということになり内的適応状態が破綻する。満足感や達成感も得られにくく徒労感を感じることが多くなる。自分自身の気持ちと一致してこそ、勉学も仕事も意味を見出せるものである。

　適応とはこのような状態であるが、私達は往々にして多くのストレスにさらされて適応することが難しくなり、心身に不調をきたす。長期間の無理や困難な状況が続くと心のバランスがくずれてしまう。環境の大きな変化が生じると心身がそれについていけず、常に過度の緊張が要されてストレスが増幅し、適応できないという状態になる。適応できない状態、いいかえると不適応とは、いままでの適応してきた状態に無理や困難が生じて均衡が崩れている状態、そのために日常生活に混乱が生じている状態、ということが出来る。この状態は、不安が増幅し人と会うのが怖くなったり、睡眠や食欲に問題が生じることもある。今まで普通にできたことが出来なくなり焦りを感じたり、身体的にひどいだるさや意欲の低下が見られることもある。このような状態が続くと日常生活を送ることにさえ多大の困難が生じ、学校や職場に行けないという状態になる場合もある。あまりに大きい不安があれば行動する事さえ難しくなり、またそのような状態に陥った自分を責めることも起こりがちとなり、うつ病や心身症を発症することも見られる。心の不均衡が生じる原因にはさまざまあるがストレスが原因となることが多く、不適応の状態が生じるひきがねになる。子どもであっても大人でも誰でもが、対応しきれないほどの大きなストレスや絶え間ないストレスにさらされると身体や心理に不調をきたすものである。ストレスの原因が比較的はっきりしていて不適応の状態が生じることもある一方、なぜ不適応の状態が生じたのか、本人にもはっきりとはわからない場合もある。心の病かどうかの診断は不明としても不適応の状態を引き起こすことになる要因について主に大きく3つに分けられる。しかし不適応の状態が生じている原因が分かりやすくはっきりしている場合もあれば、一要因だけに特定されにくく複層的に影響し合っている場合も多く、生活様式や個人の性格も含め多くの側面から把握し検討していく必要がある。

心理的要因…災害や何らかのつらい悲しい出来事、大切な人や物の喪失、人間関係
　　　　　の問題等によって生じる。不安や心的外傷（トラウマ）、環境の急激な
　　　　　変化による過剰なストレスなど心理的な要因によるもの
内的（身体的）要因…身体的、素質的な要因や生物的な脆弱性によるものに社会的
　　　　　ストレスが加味されて生じやすい。脳内の神経伝達物質の異常や内分泌
　　　　　の問題、交感神経と副交感神経のバランスがくずれるなど生理的な要因
　　　　　によるもの
外的要因…交通事故などによる頭部外傷や脳血管性の疾患、器質的な疾患など脳に
　　　　　何らかの損傷や障がいが生じ、それがひきがねとなるもの、薬物の影響
　　　　　によるもの

2）不適応の症状への理解

　不適応の状態が生じることの要因は先述したように単一の原因だけでなく複数の要因が重なっていることが多い。不適応の状態から心の病、精神障害が発症することもある。たとえばうつ病を例にあげると発症率は高く、うつ病傾向も含めると思春期から高齢者まで様々な年代の多くの人に見られ、一過性に見られることも多い。うつ病も軽い状態から深刻な症状まで幅広いが、治療を受けて回復する人も多く、不適応の身近な症状と言えよう。症状としては不安や焦燥感、抑うつ気分が強く、集中力や意欲の低下が見られる。不眠や寝つきの悪さなど睡眠に関する困難も多く見られる。もともと素質的に几帳面なところがあり、責任感が強く、仕事も他人まかせにせず結果的に過重な仕事をかかえてしまうことが多い。うまくいかない場合に自分の努力不足だと自責し、次第にネガティブな方向へ考えも向いていく。うつ病の発症の経過にこのような機序が見られることが多く、性格上の要因や身体的な脆弱性、特に脳内伝達物質としてはセロトニン、ノルアドレナリンの低下があると考えられており、これらに加えて仕事上のストレス、社会環境上の要因が加わり症状をきたすことが見られる。このためうつ病の治療に関しては、まず休息をとり心身のエネルギーを回復することが必要である。うつ病の人は他者に迷惑をかけることに非常に気を遣うが、まずはゆっくり休む必要がある。同時に医師による服薬治療や、心理的支援としてカウンセリングや認知行動療法など、本人に合った心理的支援も必要となる。症状が出る前の生活様式を見直し仕事量を軽減することや無理の多い生活になっていないか、振り返る必要もある。また家族の理解を得ることも重要である。うつ病が怠けや気まぐれでないことを周囲の人に理解されなくてはならない。このように心の病には、その治療や支援も症状により選択され組み合わされる必要がある。心理治療についての見立てや

第Ⅰ部　基　礎

支援について第Ⅱ部で詳説するが、治療や支援の基本は、医学的治療、心理的治療、生活改善等である。本人の思考や行動様式の変容を図ることや家族の理解が必要なことは言うまでもない。また症状に応じて社会的支援を複層的に組み立て支援のネットワークを構築することが必要である。うつ病をはじめとする不適応の症状は、複雑でストレスフルな現代社会の中では往々にして起こることであり誰にでも起こる可能性のあることを知っておきたい。支援によって回復力（レジリエンス[2]）が向上することもまた知っておきたい。

3）自我の防衛機制

　私達は心のさまざまな葛藤や不安が生じるとそれを解決しようとして意識的、無意識的に心を働かせる。適応上の問題が生じた場合にも心の中での葛藤に対応しようとして現実に向かって対策を考える。意識的に行う場合もあれば、自分のとりやすい傾向があり無意識的に選択している場合もある。不安に対して自我が内界を防衛しよう、バランスを取ろうとして働いているのである。このことは、自我の防衛機制（defence mechanism）と呼ばれるが、心の動きとして知っておきたい。

　自我の防衛機制のことを理論的に体系づけたのは精神分析学者のフロイト（Freud, S.）である。フロイトは精神分析の臨床医として神経症などの患者の治療に携わりながら、臨床経験を基に精神分析理論を体系づけた。自我の防衛機制を学ぶ前にまずフロイトが体系づけた心の構造について知っておきたい。フロイトの精神分析理論では、人の心の構造として3つの質的に異なる層があり、それぞれ、超自我（super ego）、自我（ego）、無意識（id または es）の3つの領域から成り立つことを理論化し、それぞれの機能について説明した。特に神経症などの疾患では無意識に抑圧された問題により症状として表れていることを理論づけ、心の無意識の働きを重視し、治療においても抑圧された無意識を夢分析などの方法で治療のきっかけを見つけていった。このフロイトの理論は心理学的に画期的な展開につながることであり、その後、ユングや対象関係論に発展した精神分析理論の原点になるものである。超自我、自我、無意識の3つの領域の働きについて次のようにまとめられる。

　　超自我…良心や正義、理想、規則や規範などをつかさどる領域。教育やしつけ、文
　　　　　化の継承、によって形成される部分で自分を律する働きをする。

---

[2] レジリエンス（resilience）精神的回復力
困難で脅威的な状況にもかかわらず、うまく適応する過程、能力、および結果（小塩、2002）と定義される。虐待など受けた後のPTG（Post Traumatic Growth：心的外傷後成長）について、肯定的な未来志向性、感情の調整、興味・関心の多様性、忍耐力の4つの因子によって基本的自尊感情が高められレジリエンスが機能していくと言われている。

自我…現実原則（reality testing）にしたがって超自我と無意識の領域を調整する。思考や判断をつかさどり、現実に適応した行動がとれるように調整する領域。
　無意識…原始的、本能的な生命エネルギーの源泉で日常生活の中であまり意識されない領域。基本的な欲求、食欲や睡眠、性の欲求など生命として生きる部分をつかさどる。

　私達は意識しなくても超自我と自我を働かせ現実に適応した行動をとっているのであるが、不安な状況や対処できない問題や、過剰なストレスに遭遇し心の安定が脅かされる時、あるいは無意識の衝動が現れ危険を感じたりする時、心の安定を図るために意識的、無意識的にさまざまな心の働きを行う。意識的にはその困難について情報を収集したり、経験者に聞いたり、調べたり考えたりする。無意識的にはその困難から目をそらせようとしたり、他のことに注意を向けたり、あえて忘れようとするかもしれない。

　心の安定を図るためにとる働きのことをフロイトは「自我の防衛機制」（defence mechanism）と呼んだ。例えば、「…したい」と望んでも時と場所によっては「今は…する場合ではない」ということになる。この場合、欲求とそれを抑制する心の動きが対立し、一種の葛藤（conflict）の状態が起こる。このように葛藤が生じ、心の安定が阻害されると私達は無意識的に「では時が来たら…しよう」と考え、自分自身を納得させ現実とおりあいをつける。よくある例として、1人っ子の子どもの場合、今まで家族の中でただ1人の子どもとして可愛がられてきたが、弟か妹が生まれて家族の関心がそちらに移った場合、赤ちゃんがえりをして注目を取り戻そうとする行動は往々にして見られる。これは「退行」と呼ばれ早期の段階に戻ろうとする防衛機制の1つである。また他にも異性への接近を求める場合、唐突に直接的に接近することは許されないので、その欲求をスポーツに向けてスポーツでエネルギーを発散させる「昇華」という防衛機制も往々にして見られる。私達は葛藤や不安を自我の領域で調整しつつ現実原則に適応するように行動を組み立て、現実に合わない欲求や不安をこのような方法で適応的な行動に変えていく。自我の防衛機制が働いて困難や不安を解消することはできるが、防衛するだけではなく葛藤や困難に直面して乗り越えることも必要である。以下に自我の防衛機制の種類をあげておく（表1-3-1）。

表1－3－1　おもな自我の防衛機制（前田、1985）

種類	内容	意識のレベル	病的	健康者
抑圧	苦痛な感情や欲動、記憶を意識から閉め出す。	抑制（禁圧） 臭いものにフタ	○	△
逃避	空想、病気、現実、自己へ逃げ込む。	回避 逃げるも一手	○	△
退行	早期の発達段階へ戻る。幼時期への逃避。	童心に帰る	○	○
置き換え（代理満足）	欲求が阻止されると、欲求水準を下げて満足する。	妥協する	△	○
転移	特定の人へ向かう感情を、よく似た人へ向けかえる。		○	△
転換	不満や葛藤を身体症状へ置き換える。	もの言わねば腹をくくる	○	△
昇華	反社会的な欲求や感情を、社会的に受け入れられる方向へ置き換える。			○
補償	劣等感を他の方向でおぎなう。	碁で負けたら将棋で勝て		○
反動形成	本心とウラハラなことを言ったり、したりする。	弱者のつっぱり	○	△
打ち消し	不安や罪悪感を別の行動や考えで打ち消す（復元）	やり直し	○	△
隔離	思考と感情、感情と行動が切り離される（区分化）		○	
取り入れ	相手の属性を自分のものにする。同化して自分のものとする（取り込み）。	相手にあやかる	○	○
同一視（化）	相手を取り入れて自分と同一と思う。自他未分化な場合は一時的同一化（→融合、合体）	真似	○	○
投射（投影）	相手へ向かう感情や欲求を、他人が自分へ向けていると思う。	疑心暗鬼を生ず	○	
合理化	責任転嫁	いいわけ	○	△
知性化	感情や欲動を直接に意識化しないで、知的な認識や考えでコントロールする。	屁理屈	○	△
逆転	感情や欲動を反対物へ変更する（サド→マゾ、のぞき→露出、愛→憎）		○	
自己への反転	相手へ向かう感情や動欲を自己へ向けかえる（対象愛→自己愛、対象への攻撃→自己攻撃）	天に向かってツバを吐く	○	
自己懲罰	罪悪感を消すために、自己破壊的な行動をする。	罪滅ぼし、つぐない	○	
合体	相手にのみこまれる。象徴的な同化（融合）	一心同体となる	○	△
解離	人格の統合が分離してしまう。		○	

第2節　事例を通して学ぶ

1）うつ病・気分障害

　先述したようにうつ病はどの年代にも幅広く見られる。うつ病とよく似た症状で、抑うつ気分が強く身体的なだるさや疲労感が強く、気力や興味の減退がみられること、睡眠の障害が見られたり自尊心の低下が顕著であるなどの鬱屈した気分を中心とする

場合、気分障害または気分変調性障害の状態も往々にして見られる。基本的に器質的な疾患はないが生物的な脆弱性に加えて、心理的に過度なストレスとなる出来事がひきがねとなることが多い。この心理的要因には環境の大きな変化によるものや家族関係や学校や職場での人間関係上のストレス、失敗した経験や次々に心配事が続いて不安や劣等感にさいなまれる状況が引き金になることもある。身体的な病気というわけではないが、頭痛や肩こり、めまいなど不快な症状が見られることも多い。はっきりした身体疾患でないことがかえって不安を生じ、抑うつ的な気分が続くことは本人にとって疲労感をもたらす。このような症状は心療内科などで気分障害や気分変調性障害と診断されることも多い。このような状態になると学業や職業上の関心も低下しがちで、結果的に成績の低下や職業上の不具合も起こりやすくなる。本人は自信を失い、自己評価の低下をもたらすことにもなりやすい。以前できていたことができなくなると自信を喪失し、イライラしたり繰り返しくよくよと思い悩んだりもしやすい。うまくいかない結果がさらにストレスを引き起こし悪循環も起こりやすくなる。

　気分障害や気分変調性障害の場合の回復の過程もうつ病と同様、まずは休養を十分にとり、精神的なエネルギーを回復することが必要である。身体同様、脳も心も疲れているのでまずはゆっくり静養して力が戻ってくるのを待つ必要がある。家族はじめ周囲の人もその意義を理解し、焦ったり心配してむやみに励ましたりしないほうがよい。医療機関を受診し必要な投薬を服用することも必要である。気分障害やうつ病の場合、不眠や入眠困難などの睡眠の障害が見られることも多いので、睡眠や食事など生活のリズムを取り戻すことも大事なことである。投薬により良質の睡眠がとれることや、不安が軽減されることは回復への道筋になりやすい。もちろんカウンセリングや認知行動療法など本人に応じた心理療法も取り入れることも重要である。心理療法については第Ⅱ部で詳述するが、医療や心理などの専門家の助言や指導も取り入れることで適切な解決への手立てとなるものである。自分の陥りやすい思考パターンに気づき考え方を変えていくことや生活を改善することは大事だが、自分だけでは解決の方向が見出しにくい。専門家の意見は自分の気づかない側面に気づくことになり、自分の状況を客観的に検証し改善へと方向付けることにもつながる。家族や周囲の人たちに理解してもらうことは大事だが、そうした場面も専門家の介入により、客観的な見方につながり、本人や周囲の人が治療に向かって協力することにつながっていく。以前の力を取り戻し社会復帰も可能であり、新たな自分の方向を見つけていくために治療にも積極的に向かっていきたいものである。次の事例を通して理解を深めよう。

第Ⅰ部 基　礎

・・・高校１年生Ｃさん（男子）・・・

―― Ｃは何事にもまじめで一生懸命取り組むが、少々思いこむところがあり、本人の思いが友達に理解されずにうるさがられたり誤解されることも見られ始めた。高校の学園祭の準備で委員の役割を担っていたＣは、学園祭の計画に全力をあげていた。しかし彼の努力は思ったほどには評価されず、Ｃの存在を負担に感じる生徒もあり空回りになっていた。学園祭は何とか終わったが、その後、Ｃは疲れと虚脱感を感じたようで急激に意欲をなくしてしまった。登校しても勉学に集中できず、その結果、成績も下がってきて進路も定まらない状態になった。朝が起きられず昼過ぎに起きて自室でぼんやりしていることが多い。家族は心配したり叱責したりし、学園祭での出来事を根ほり葉ほり聞いたりされるので、Ｃが腹を立てイライラして自分の髪の毛をかきむしり大声をあげるなどの行動も見られ始めた。生活リズムも乱れてきて食事も不規則となり、また食欲もないと言って食事をとらない日も続いた。

―― 心配した家族は何度も学校の教員に相談した。教員も家庭訪問してＣとのかかわりを深めようとしたが、学校関係者とは会いたがらず部屋にこもっていた。このような状態が１、２か月続き、家族の不安も高まってきたため、学校からの紹介で地元の教育相談センターに来所面談を受けることとなった。

―― Ｃは教育相談センターに行くことを最初は拒んだため、母親だけが通所、面談を受けていたが、そのうちＣも短時間なら、という約束で通うようになった。Ｃを担当したカウンセラーは、時間をかけてＣとの信頼関係を築き、Ｃが以前から友達との間で和やかな関係が築きにくいことに悩んでいたこと、自分の完全壁的傾向を自分でも柔軟にしたいとは思っているが変えられないこと、悲観的な気持ちに陥ると何かもやる気を失い、よくない方向ばかりを考えてしまうことを少しずつ話し始めた。

―― このような内容について家族にはもちろん誰にも話せず、１人で悶々として苦しんでいたことが明らかになった。混乱した状況を話し受け止められる中で少しずつ整理され、Ｃ自身も治りたいという意欲を持つようになった。カウンセラーからは、あわてず手のつけられる簡単なことから取り組むことの提案を受け入れ始めた。同時に思春期専門の医師から、不安と不眠に対する投薬も行われ、以前よりも良質の睡眠がとれるようになったこともＣの心身の回復に役立ってきた。Ｃはまだ登校にムラはあるが悲観的な気持ちに陥る前に自ら休むようにして、気持ちのコントロールも少しずつ自分でできるようになっている。過剰なストレスのかかる状況をうまくかわす方法も探しつつある状況となっ

ている。家族が焦らず見守ることが必要なのは言うまでもない。
―― もともと抱えていた対人関係上の問題が学園祭をきっかけに顕在化し症状として現れはじめたのであるが、医療、心理、教育の各側面からの援助がうまく組み立てられ、症状の改善につながったと考えられる。

2）摂食障害

　思春期・青年期には体型の変化について特に気になりやすく過度なダイエットを行う人も多く見られる。スポーツの中でも厳しい体重制限のある種類もありそれがきっかけとなり自ら食行動を厳しく管理して起こる場合もある。若い女性に特に多く見られる拒食症は標準体重の15％以下の体重であるにもかかわらず、太っているとおもいこみ、体重増加に対して過度の恐れをいだき身体認知の障害を生じている。見るからにやせているが活発に活動し頑なに体重制限を行う。診断名としては神経性食欲不振症と呼ばれる。拒食症はダイエットから始めることが多いがその発生機序には本人の頑固な強い思い込みによるものや、母娘関係の心理的なねじれが基盤になっていることが多い。母の側の強い支配とそこから自立しようとする娘との葛藤が拒食症の背景にみられることが多い。もともと完全壁的傾向や強迫的傾向を持っていることが多く、一度ダイエットを始めると抜け出しにくくなり、体重の危険域を越してもダイエットをしなくては、とこだわりを示す。拒食症には心理的要因が強く反映する。

　一方、ストレスなどから食べ過ぎる場合に過食症が生じることがある。過食症は短い間に1日分の食事をとるなど非常に多くの食事を無茶食いする症状で神経性大食症の診断名がつけられる。拒食症と過食症を一定の期間をおいて繰り返すこともあれば、どちらかだけが生じることもある。過食症は何らかのストレスや欲求不満、職場での不適応や人間関係の問題などがひきがねになり食行動へ逃避する傾向が見られる。食事をとった後に後悔し、過剰な運動や下剤を用いたり人為的な嘔吐をしたりといった行動が見られ、それが習慣化していくこともある。人間の身体と心理は微妙に影響しあっており、不可避的に結びついて相互に影響を与え合うことから、拒食や過食の摂食障害は心身両面から起因する症状といえよう。

　厚生労働省は若い女性の標準的なBMIの数値は、18.5～25と定めている。BMIの数値が18.5以下の場合、るいそう（やせている）と呼ばれ、BMIの数値が25以上を肥満としている。もちろん体質や個人差もあるが、BMIの基準値からも治療の対象となる。拒食症や過食症は食行動のみならず全身に不調をきたす。極端な拒食になるいそうの状態になると、貧血や無月経、肝臓の不調などをひきおこす。過食の場合で肥満になれば、高血圧、高コレステロール、高脂血となり生活習慣病の原因になって

いく。体型への認知の歪みを修正し、健康的な食行動へと改善していかねばならない。

　拒食症、過食症などの摂食障害の治療においては、管理栄養士による栄養指導や栄養教育、心理職によるカウンセリングや認知行動療法、医師による指導や助言、極端な拒食症の場合は栄養補給など点滴の必要が生じることもある。それぞれの専門家が協働してチームを組んで治療にあたらなければならない。本人には生活全体を視野に入れて、ライフスタイルを健康的な方向へ変化させていくことが必要である。仕事を持っている場合は職場での配置を変えてもらうことなどには産業領域の医師やカウンセラーの助言も必要となる。摂食障害の場合も家族の理解は重要であり、家族との安定した関係の構築、依存と自立の健康的なありかたをその年齢にふさわしく形成していくことが必要である。治療には短期間で改善されることが多いが、一部には年単位で長くかかることもあり、根気よく本人の気持ちを受け入れながら行動の変容を図り、ライフスタイルの改善を図ることが必要となる。ダイエットと簡単にとらえるのではなく、これまでの生き方や人間関係も含め見直し、自分の食生活について理解を深め、食行動の課題に気づき、目標を定めて改善していこうと自己決定して取り組むことを支援することが肝要である。2005年に食育基本法が制定されたこともあり、学校において食生活の健康における知識や情報、食行動に対する判断力を育成することは生涯の健康を支える面からも大事なことになっている。次の事例を通して理解を深めよう。

・・・高校2年D子さん（女子）・・・・・
　── Dは友達がダイエットしているのに刺激を受けて自分も始めるようになった。1日の摂取カロリーが1000kcalを超えないように厳しく食事制限し、果物、パン1枚、ヨーグルトしか食べないこともあった。身長は160 cmで体重は55 kgだったが食事制限が進み体重は45 kgに減少した。Dは活発で行動的で高校の部活動でもリーダー役を買って出て放課後も活躍、期末試験も1番を取りたい、と毎晩遅くまで勉強していた。体重が減少し、弁当も残すので家族は心配し、少しでも食べるように食べやすい食事を用意していた。この調子で2、3か月が経過したが、学校で貧血になり倒れてしまい、養護教諭も健診時の急激な体重減少に気づき驚いた。学校から保護者に連絡を行いDに食事の摂取を進め、頑なな思い込みを改めさせようとしたが、Dは受け付けず、貧血を起こしながらも学校は欠席することなく成績にも強いこだわりを示した。思いあまった家族は思春期を専門とする病院を受診させた。病院の診察の結果、体重の減少が顕著で危険域にも近づいているため栄養の補給が必要ということになり、しばらく入院することになった。Dは病院で面接の際に初めて、「だんだんふ

っくらして女性的な体型になっていくことが受け入れられず嫌悪感があったこと、勉強をして専門の分野に進みたいが、いろいろな面で親に依存しており自立を焦る気持ちと甘えとの葛藤が強くあったこと」また「いったん体重制限を始めると自分ではやめられなくなったこと」など苦しかったことを医師やカウンセラーに少しずつ話すようになった。家庭や学校での生活の場から一時的に離れることで自分の状況を客観的に見ることが出来るようになってきた。

――　Dには医師からの助言、管理栄養士からは、毎日の食事記録をつけて適正な体重に戻していく指導や健康な身体を回復するための栄養教育、心理士からは葛藤を乗り越えていくようにカウンセリングによる継続面接など、専門家によるチームが組まれるようになった。D自身も何とかしたい、という意欲が芽生え始め、その気持ちを支えつつ支援計画が進められている。専門的な勉強を進めるためにも健康な身体が基本になるということに気づき、心身の健康を回復しようと本人が自ら考えを変えていくようになり、考え方に柔軟性が見られ始めてきている。

引用・参考文献

子安増生・仲真紀子編著（2014）こころが育つ環境をつくる、新曜社

北尾倫彦編（1997）子どもの心理と教育、創元社

宮城音弥（1967）人間性の心理学、岩波新書

小塩真司（2002）ネガティブな出来事から立ち直りを導く心理的特性、カウンセリング研究　第35巻

村井俊哉・森本恵子・石井信子（2015）メンタルヘルスを学ぶ―精神医学・内科学・心理学の視点から、ミネルヴァ書房

生野照子（1992）小児心身症の特徴、医学書院

宇津木成介・橋本由里（2018）心理学概論　第4版、ふくろう出版

E.H.エリクソン（1973）小此木啓吾訳、自我同一性―アイデンティティとライフサイクル、誠信書房

A. オリヴェリオ（2008）川本英明訳、胎児の脳　老人の脳―知能の発達から老化まで、創元社

D.N. スターン（1989）小此木啓吾・丸田俊彦・神庭靖子・神庭重信訳、乳児の対人世界―理論編―、岩崎学術出版社

前田重治（1985）図説　臨床精神分析学、誠信書房

G. カニンツァ（1979）野口薫監訳（1985）、視覚の文法―ゲシュタルト知覚論、サイエンス社

J. ピアジェ（1955）岡本夏木・村井潤一編（1986）別冊発達 VOL. 4、ミネルヴァ書房

American Psychiatric Association (2013) Diagonostic and statistical manual of mental disorders, 5th Edition text revision. 高橋三郎・大野裕監訳、村井俊哉ほか訳（2014）DSM-5 精神疾患の診断・統計マニュアル第5版、医学書院

厚生労働省ホームページ（2019）平成29年度の児童相談所での児童虐待相談対応件数 https://www.mhlw.go.jp/content/11901000/000348313.pdf（2019年7月31日最終アクセス）

石井信子・藤井裕子・森　和子・杉原康子（2014）改訂版　乳幼児の発達臨床と保育カウンセリング、ふくろう出版

第Ⅱ部　応用

　基礎編で学んだ知識を応用した心理学的治療のアプローチの技法へと案内します。

　応用編ではさまざまな心理アセスメントと精神療法を紹介します。
　時代の変遷とともに、いろいろなアプローチが生まれました。それぞれの特徴を学びましょう。
　心理学的治療は、対人関係性のアプローチです。要支援者への敬意をもって、要支援者が安心して自由に感情の交流が行える関係で実施することで、治療的役割を持ちます。
　守秘義務やインフォームド・コンセントの約束のうえで、実施します。
　心理アセスメントと精神療法に関する、設問のコーナーも作りました。
　学んだ知識を確認しましょう。

第Ⅱ部 応 用

第Ⅰ章　心理アセスメントの技法

　要支援者の抱えている問題の成り立ちを探り、どのような支援が要支援者の問題解決や症状の消去や軽減に役に立つかの見立てをすることを心理アセスメントという。
　心理アセスメントは要支援者に内容の説明を行ない、要支援者の同意を得た上で実施される（インフォームド・コンセント：説明と同意）。
　心理アセスメントの技法としては、面接・行動観察・心理テストがある。

第1節　面接

1）ラポール（rapport）の形成
　面接では、まず、支援者は要支援者の緊張を和らげ、要支援者が安心して自由に感情の交流を行える関係を築くこと（ラポールの形成）が必要である。要支援者の自発的な語りを進めていくには、支援者は共感的態度で傾聴し、要支援者の感情を受容することが基本となる。
　また、面接を有効に進めていくには、面接の所要時間や面接内容の説明を行い、面接の構造を明らかにし、要支援者の同意を得て（インフォームド・コンセント）、進めていくことが大切である。

2）主訴
　要支援者を相談に向かわせる困りごとの中心となるものを主訴という。主訴は必ずしも困っている問題の本質とは限らないが、要支援者が最も困っていることであり、主訴の内容を明らかにしていくことで、要支援者の抱えている問題の本質へと入っていくことができる。
　実際には、支援者は要支援者の話を丁寧に聴き、要支援者が話す場面をイメージし、その時に要支援者が感じたであろう気持ちに思いを馳せ、「本当に要支援者が困っていることは何なのか」、「話したいことの核心はどのようなことか」と聴くことに集中する。主訴を明確にするから、どのような支援が要支援者の問題解決や症状の消去軽減に役に立つかの援助方針が立てることができる。

3）ジェノグラム（genogram）

　要支援者の周囲の人間関係が一目で関係性が理解できるジェノグラム（家族関係図）を作成することは、限られた面接時間に情報を正確に聴き取り、関係性を理解するのに役に立つ。ジェノグラムは記号を使って、家族構成や家族内の関係を明らかにするために作成する。広く福祉、障害、医療、教育の分野で使われている。

　書き方に細かい決まりはない。一般的には、男は□、女は○、年齢を書きこむ。婚姻関係はTのように線でつなぎ、離婚は斜めに線を入れる。死亡は×や黒く塗りつぶす。同居を線で囲む。相談対象を二重線で示す。

設問：図2－1－1のジェノグラムからどのようなことが分かる？

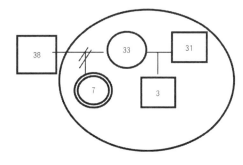

図2－1－1　ジェノグラム

4）守秘義務

　面接では要支援者が話した内容を本人の同意なしには他の人には漏らさないことが鉄則である。公務員・医療関係者などには、「職務上知った秘密を守る」、「個人情報を開示しない」、等法律上の義務が課せられている。

　秘密が守られるという約束の中でこそ、要支援者は安心して心の内を話し、気持ちを整理していくことができる。

　秘密を守ることが鉄則であるが、命の危険や虐待の疑いがある場合などは例外となる。また、要支援者を多面的に支援するために、チームを作り、専門家同士が情報の共有する場合も例外状況となり得る。専門家同士で情報の共有をする場合は、情報の取り扱いに関する共通理解を明確に持ち、具体的なルール作りをしておくことが大切である。

第Ⅱ部　応　用

第2節　行動観察

1) 行動目録法

　行動観察では、視線、表情、口調、態度、姿勢などの非言語情報からも心理アセスメントを行う。気分の状態、理解力、対人関係の距離の取り方、興味・関心、活動性の高さ、感覚の過敏さ、こだわり、注意持続力、記憶、見当識など観察する。

　前もって、観察すべき行動や評価の基準を決めておくと、行動特性をつかむのに有用である。観察対象者に起こりそうな行動の一覧表を用意し、観察記録する方法を行動目録法（チェックリスト法）という。また、評価の基準が標準化されたものが行動評定尺度として活用されている。

2) 行動評定尺度

　行動評定尺度は、まだことばのない幼児や発達障害の早期発見などに幅広く活用されている。

(1) 小児自閉症評定尺度（CARS: Childhood Autism Rating Scale）

　エリック・ショプラー（Schopler, E.）らを中心に TEACCH プログラムのスタッフにより開発された。自閉スペクトラム症の早期発見を目的としている。

　15項目の行動評定があり、その行動の異常性の程度（正常範囲・軽度・中度・重度）を、0.5点間隔の1点から4点という7段階で評定する方式。

　小児自閉症評定尺度で行動観察する15項目は以下の通り。

・人との関係　・模倣　・情緒反応　・身体の使い方　・物の扱い方
・変化への適応　・視覚による反応　・聴覚による反応
・味覚・嗅覚・触覚反応とその使い方　・恐れや不安
・言語性のコミュニケーション　・非言語性のコミュニケーション　・活動水準
・知的機能の水準とバランス　・全体的な印象

　尚、TEACCH（Treatment and Education of Autistic and related Communication handicapped Children：「自閉症及び関連するコミュニケーション障がいをもつ子どもたちのための治療と教育」）は、1972年にアメリカ・ノースカロライナ州の公式プログラムとなり、ノースカロライナ大学を基盤に、自閉症者とその家族への生涯にわたる支援のシステムである。TEACCH で開発された評価法として、

　PEP（Psycho-Educational Profile：心理教育プロフィール）や TTAP（TEACCH Transition Assesment Profile）、AAPEP（Adolescent & Adult Psycho-Educational Profile：青年期・成人期心理教育プロフィール）がある。

PEPは能力のばらつきや自閉症のひとりひとりの特徴を探り、対応プログラムを立てるため、「できる・できない」だけでなく「芽生え反応」に着目することが特徴となっている。

TTAPは学校から成人生活への移行のための検査、評価法

AAPEPでは家庭や学校、地域で自立に必要な力を評価する。

(2) M-CHAT　乳幼児期自閉症チェックリスト修正版（M-CHAT: Modified Checklist for Autism in Toddlers）

CHAT（Checklist for Autism in Toddlers）は1歳半から2歳を対象として、自閉スペクトラム症の早期のスクリーニング用として米国のバロン・コーエン（Baron-Cohen, S.）らが開発。CHATは、親記入方式の9つの質問項目と、専門家による5つの行動観察項目からなる。

M-CHAT（図2－1－2）は、CHATの親記入項目に、自閉症に特徴的な対人行動、知覚反応、常同運動などの14項目を追加して作成された23項目からなる。

日本語版M-CHATは神尾らによって作成された。観察しやすいように絵が描かれている。

図2－1－2　日本語版M-CHAT

〔出典：M-CHAT copyright(c) 1999 by Diana Robins, Deborah Fein & Marianne Barton.
日本語訳：神尾陽子（国立精神・神経センター精神保健研究所児童・思春期精神保健部）〕

第Ⅱ部　応　用

3）関与しながらの観察

　サリヴァン（Sullivan, H. S）は対人関係の中では、純粋に客観的対象として観察することはできず、相互に影響し合いながら観察するという「関与しながらの観察」を論じた。観察する際、観察する側も観察する場にいることで、観察している場に影響を与えていることに気づいておく必要があることを力説。

　ロンドンのタビストック・クリニックでは、対人援助の仕事に就く専門家を対象に、まず乳幼児観察（infant observation）の訓練を実施している。誕生直後より2歳までの母子の生活を、観察者が決まった時間に、週1回、約1時間、家庭訪問して「関与しながらの観察」をする。約2年間、母子関係のやりとりを観察する中で、観察者がさまざまな感情にさらされ、揺り動かされる。まだ話せない乳児の心を感じ、観察者自身がかつての乳児の心を想起して気づくことによって、母子関係を診ていく力をつけることができると考えられている。

4）記録の取り方

　記録には、起こっている事実を客観的に回数・時間・程度など正確に記述することが求められる。まずは、個人的な価値観から距離を置き、「4W（When・When・Where・Who・What）1H（How）」を念頭に置いて、状況を描き出すことに努める。単独で観察を記録する場合、他の観察者が観察しても同じような観察記録が得られるかどうか、客観性をチェックすることが必要となる。

　次に、観察者がどのような感想を持ったか、行動観察からの解釈を行う。そして、主観的な感想や判断は客観的な事実とは明確に区別して記録をとる。

設問：現実の問題行動に関する観察記録を書いてみよう。

〔記入欄〕

第3節　心理テスト

1）心理テストとは

(1) 種類と特徴

　心理テストは、大きく、性格・心の状態に関わる検査（人格検査）と認知機能に関わる検査（知能検査）に分けられる。性格・心の状態に関わる検査には、質問紙法、投影法、作業検査法があり、認知機能に関わる検査には、神経心理学検査、知能検査、発達検査がある。

(2) テストバッテリー

　実際に心理テストを実施する際には、より多角的な方面から要支援者を理解することを目的に、複数の心理テストを実施するのが一般的である。例えば、それぞれの検査の効用と限界を知り、いくつかの検査を組み合わせて心理テストを実施することを、テストバッテリーを組むという。

　種類の異なるテストでテストバッテリーを組むこととなる。例えば、認知機能に関わる検査と性格・社会適応に関わる検査を組み合わせる、とか、質問紙法と投影法を組み合わせるなどの方式が取られる。

(3) 信頼性と妥当性

　心理テストは信頼性と妥当性が認められ、標準化されていることが前提となっている。

①　妥当性：
　その検査が調べようとしていることを確かに調べているか。例えば、体重計は体重を測る目的を果たす。

②　信頼性：
　どれだけ正確で安定したものさしであり得るか、テストの精度や複数回の検査結果の一致度。例えば、体重計の測定の目盛りにまずまず狂いがないこと。

2）質問紙法

　質問紙法はあらかじめ用意された各質問項目に、「はい」または「いいえ」の2件法、「どちらでもない」を加えた3件法や、「ないかたまに」・「ときどき」・「かなりのあいだ」・「ほとんどいつも」の4件法などで、回答する方式。長所としては、集団で実施することが可能で結果の処理が機械的にできる。短所としては、回答者が故意または無意識の防衛で回答を歪曲できる。回答者には用意された各質問内容をはっきりと理

解し、自分がどのような状態か判断できる力が必要とされる。

　質問紙法は広範囲で種類も非常に多い。ここでは、GHQ、CMI、SDS、MMPI、TEG、YGを取り上げ説明する。

(1) 精神健康調査票（GHQ: General Health Questionnaire）

　ゴールドバーグ（Goldberg, D.P.）が開発。神経症状の把握、発見のスクリーニング・テスト。適用範囲は12歳0カ月から成人。4段階で回答する、4件法式。原版は140項目からなるが、60・30・28・12項目で活用されている。

　「2～3週間前から現在までの健康状態」について質問する方式。

　全身症状・局所的身体症状・睡眠や覚醒・日常的行動・対人行動・不満やトラブル・抑うつ・不安の7分類に分けて評価する。

　同様に精神健康状態を検査するスクリーニング・テストとして、活用されている検査として、CMIやSDSがある。

(2) CMI健康調査表（CMI: Cornell Medical Index）

　コーネル大学のブロードマン（Brodman, K.）、アードマン（Erdmann, A. J.）、ヴォルフ（Wolff, H. G.）らよって開発。身体機能を12系統、精神症状を6状態別に質問票は作成されている。内容は身体面の質問からはじまり、心理面の質問に移るといった配列になっていて、心理テストに対する抵抗に配慮することで、回答の意識的歪曲が少なくなるよう工夫されている。適用範囲は14歳から成人。

(3) SDS うつ性自己評価尺度（SDS: Self-rating Depression Scale）

　ツアン（Zung, W. W. K.）によって開発。抑うつ状態因子は「憂うつ、抑うつ、悲哀」「日内変動」「啼泣」「睡眠」「食欲」「性欲」「体重減少」「便秘」「心悸亢進」「疲労」「混乱」「精神運動性減退」「精神運動性興奮」「希望のなさ」「焦燥」「不決断」「自己過小評価」「空虚」「自殺念慮」「不満足」の20項目から構成され、4件法で回答する方式。適用範囲は18歳から成人。一般臨床においてSDS50点以上になるとうつ傾向があると判断する。

(4) ミネソタ多面的人格目録（MMPI: Minnesota Multiphasic Personality Inventory）

　ミネソタ大学のハサウェイ（Hathaway, S. R.）、マッキンレイ（McKinley, J. C.）らにより開発。精神医学的診断の手がかりをねらって作成された。回答は3件法。適用範囲は15歳～成人。質問項目は全部で550項目。10の臨床尺度と4の妥当性尺度

で構成されている。10の臨床尺度は精神疾患症状を見る。4の妥当性尺度は回答者の態度を見る。回答の歪曲や妥当性を検証するためのものである。

10の臨床尺度：
- 心気症尺度（33項目）・抑うつ性尺度（60項目）・ヒステリー性尺度（60項目）
- 精神病質傾向尺度（50項目）・性度尺度（60項目）・偏執性尺度（40項目）
- 精神衰弱性尺度（48項目）・精神分裂病（統合失調症）性尺度（78項目）
- 軽躁性尺度（46項目）・社会的内向性尺度（50項目）

4の妥当性尺度は：
- 疑問点（どちらでもないに回答した総数）
- 虚構点（15項目）
- 妥当性点（64項目）
- K点（30項目）

また、顕在性不安尺度（MAS：Manifest Anxiety Scale）はMMPIから選出された不安尺度50項目に、妥当性尺度15項目を加えた65項目で構成されている。MMPIから生まれたものである。

(5) 東大式エゴグラム（TEG®: Tokyo University Egogram）

エゴグラムはアメリカのエリック・バーン（Berne. E.）が考え出した交流分析をもとに、弟子のデュセイ（Dusay, J. M.）が自我状態をグラフ化し、視覚的に把握できるようにしたもの。回答は3件法。適用範囲は15歳以上。テストには、妥当性を計る2つの尺度、妥当性尺度と疑問尺度が備わっている。

心の領域を5つに分けて、「5つの心」をどの程度使っているかの強弱から、自己の特徴を知り、人間関係の見直しに活用できる。心の病にかかりやすい傾向や対人関係の取り方のくせを知ることができる。

5つの心は：
- 批判的な親の心（CP: Critical Parent）：理想、良心、責任感などの父性の厳しい部分
- 養育的な親の心（NP: Nurturing Parent）：思いやり、保護、受容などの母性の部分
- 大人の心（A: Adult）：事実に基づいて物事を判断し、現実に即して合理的な大人の部分
- 自由な子どもの心（FC: Free Child）：不快や苦痛を避け、快感を求めて自然の感情を表す奔放さ

・順応した子どもの心（AC: Adapted Child）：自分の本来の気持ちを抑え協調性を重んじる従順さ

(6) 矢田部・ギルフォード（YG）性格検査（図2－1－3）

ギルフォード（Guilford, J. P.）が考案したギルフォード性格検査をモデルとして、辻岡美延らが日本の文化環境に合うように標準化した特性論に基づく検査。回答は3件法。適用範囲は小学生から成人まで。小学生用（96問）と中学・高校・一般用（120問）がある。

YG性格検査は120問から成る12の性格尺度と因子分析で導き出された6因子群で構成されている。こうしたプロフィール全体から類型判定が行われ、5つに類型化される。

12の性格尺度：
・抑うつ性・回帰性・劣等感・神経質・客観性・協調性・愛想の良さ・活動性
・のんきさ・思考的外向性・支配性・社会的外向性

6因子群：
・情緒安定性・社会的適応性・活動性・衝動性・内省性・主導性

5つの性格類型タイプ：
・A型（Average Type）：平均型　全体を通じて平均的で突出した特徴がない
・B型（Blast Type）：不安定積極型　情緒不安定で外向的、年少時は非行傾向がある
・C型（Calm Type）：安定消極型　情緒的に安定して適応もよいが活動的ではなく内向的
・D型（Director Type）：安定積極型　情緒的に安定して社会的適応もよく、活動的
・E型（Eccentric Type）：不安定消極型　情緒不安定で活動的ではなく、神経質傾向が強い

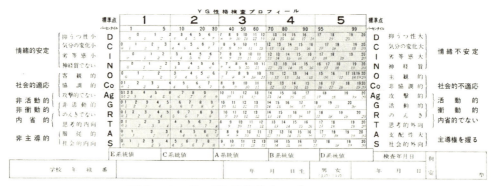

図2－1－3　YG性格検査のプロフィール
〔出典：日本心理テスト研究所，YG性格検査用紙〕

3）投影法（投映法）

　投影法は、あいまいな刺激を提示して、自由に思いつくものを回答する方式。投影材料として、提示される刺激は知覚や判断が多義的になるよう構成されている。あいまいな刺激のもとで、回答者がどのような仕方で解釈し、意味を与え、体制づけていくかを知ることによって、回答者自身の私的世界が映し出されると考えられている。自由回答方式のため、統計的処理がしにくい。検査実施に際しても、解釈にも検査する側に技量が必要となり、熟練が要求される。

　ここでは、Rorschach Test、P-Fスタディ、SCT、Baum Test、HTP、風景構成法を取り上げ説明する。

(1) ロールシャッハテスト（Rorschach Inkblot Test）

　20世紀初め、スイスの精神科医ロールシャッハ（Rorschach, H.）が開発。インク・ブロット（ink blot インキのしみ）の知覚に基づいて人格評価を行う技法。主として精神分裂病（統合失調症）等の精神医学的診断のために考案された。あいまいなインキのしみを提示し、図版が「何に見えますか」をたずね、自由に回答してもらい、その反応を分析する方式。知的側面、情緒的側面、自我機能を解釈し、精神の鑑別診断にも補助的に使用されている。標準化によって判定・評価し難いので、ロールシャッハ・テクニックとも呼ばれている。適用範囲は幼児から成人。

　インク・ブロット図版は紙の上にインクを落とし、それを2つ折りにして広げることにより作成されたもの。ほぼ左右対称になっている。5枚が白黒、2枚が白黒と赤、3枚が多彩色、10枚ある。正式の検査図版でないものを図2－1－4に示す。

　各図版の回答者の反応を「反応領域」・「反応決定因」・「反応内容」について、記号化し数量的に分析する構造分析、カードに対する回答者の意味づけや前後の文脈的理解を分析する継列分析、回答者の態度や姿勢、やりとりを分析する状況分析を行う。代表的分析方法はエクスナー（Exner, J. E.）による包括システム（エクスナー法）と片口安史による片口法が主流。

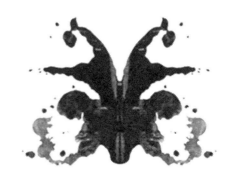

図2－1－4　インク・ブロット

(2) 絵画欲求不満テスト（P-F スタディ：Picture Frustration Study）（図２－１－５）

ローゼンツァイク（Rosenzweig, S.）が自らのフラストレーション耐性理論（欲求不満耐性理論）に基づき開発。正式には、「欲求不満に対する反応を測定するための絵画連想研究」(The Picture-Association Study for Assessing Reaction to Frustration) という。児童用（小・中）、青年用（中学～大学２）、成人用（15 歳以上）の３種類あり、適用範囲は６歳から成人。

日常生活でごく普通に体験する 24 種類の欲求不満場面で構成され、各場面には漫画風の絵画刺激と人物のせりふが書かれている。24 枚のフラストレーションの状況は、大きく自我阻害場面と超自我阻害場面とに分類される。回答者はそれを読み、吹き出しの中に、絵画の人物が答えるであろうせりふを書きいれる。

結果分析は、アグレッションの方向（他責的・自責的・無責的）とアグレッションのタイプ（障害優位型・自我防衛型・欲求固執型）を組み合わせ、検討する。尚、「障害優位型」は障害の指摘に重点を置く反応、「自我防衛型」は自我を防衛する、責任の所在を重視する反応、「要求固執型」は、問題解決に重点を置く固執反応。フラストレーションを感じる場面でどのような反応を示しやすいかを確認し、現実的な対人場面における適応性・攻撃性（自己主張）を分析する。

かつては反社会的行動の分析に使用されることが多かったが、自閉スペクトラム症をはじめとする発達障害特性の診断にも補助的に使用されている。

図２－１－５　絵画欲求不満テストの一例
〔ローゼンツァイク著，住田・林・一谷改訂（1956）P-F スタディ成人用紙，三京房〕

(3) 文章完成法（SCT：Sentence Completion Technique）

「文章完成法」や「文章完成テスト」と訳される。エビングハウスによって開発された。成人用、中学生用、小学生用の３種類がある。適用範囲は児童から成人。

刺激文は、１人称の短文式で、60 項目ある。例えば、以下の短い刺激文の後に続きを、思い浮かぶまま自由に記述し、文章を完成させる方式。

・「子供の頃、私は…　　　　　　　　　　　　　　　　　　　　　　　　」
・「私の父は…　　　　　　　　　　　　　　　　　　　　　　　　　　　」
・「私はよく…　　　　　　　　　　　　　　　　　　　　　　　　　　　」

　あらかじめ書かれている未完成の刺激文がパーソナリティの全体像を広くカバーするように工夫されている。書かれた内容には、自己概念や対人関係、家族関係などが投影されると考えられており、その人となりを理解していく手がかりが得られる。結果は、知的・情意的・指向的・力動的側面に分けて分析し、身体的・社会的情報も得られる。そのため、書かれた内容を題材に、面接を深めていくこともできる。

(4) バウムテスト（樹木画テスト：Baum Test）
　カール・コッホ（Koch, K.）が自らの空間象徴理論（図2－1－6）に基づき開発。適用範囲は幼児から成人。
　「実のなる木を1本書いてください」という教示をもとに、自由に木の絵を描いてもらう方式。
　結果分析は、木の全体的印象、木の描かれた位置（空間的側面）、筆圧・ストローク（動態的側面）、幹・樹皮・枝・樹冠・根・地面の状態（内容分析）などから、ものの考え方、思考のくせ、ことばで表現しにくい内面の気持ちなどの分析を試みていく。その際、幼児から適用なので、こどもの描画の発達的な変化を知っておく必要がある。

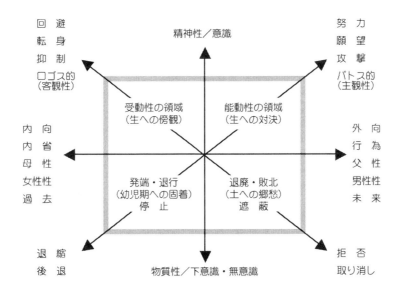

図2－1－6　空間図式
〔C. コッホ，林勝造他訳（1970）〕

第Ⅱ部　応　用

(5) 家屋─樹木─人物画テスト（HTP：House-Tree-Person technique）
　バック（Buck, J. N.）が創始。家（House）、木（Tree）、人（Person）の頭文字をとって HTP テストと呼ばれている。適用範囲は幼児から成人。3 枚の画用紙にそれぞれ「家・木・人」の順に時間を制限せず、丁寧に描くことを勧める方式。完成させた後、必要な質問をし、各描画についての説明を求める。結果は量的分析と質的分析を行い、ひとの人格や心的状態を知るために役立てる。
　HTP の変法として高橋雅春らが開発した HTPP では、男女両性の人（Person）を描かせる方式を取る。

(6) 風景構成法（LMT: Landscape Montage Technique）
　中井久夫が創始。画用紙に検査者が枠取りをした後、
　　① 今から、私が言うものを、1 つひとつ唱えるそばからこの枠の中に書き込んで、全体として 1 つの風景になるようにしてくださいと教示。
　　② 川、山、田、道（大景群）─家、木、人（中景群）─花、動物、石（小景群）─足らないと思うものを唱える。
　　③ 彩色し完成させた後、必要な質問（季節・時刻・天候・川の流れの方向・人は何をしているかなど）をし、絵から連想するものを支持的に面接する。
　心的状態を推測する精神療法としても用いられる。

(7) 主題統覚検査（TAT: Thematic Apperception Test）
　マレー（Murray, H. A.）を中心としたハーバード大学心理学クリニックが考案。絵画図版は 31 枚あり、30 枚の図版と 1 枚の白紙図版から成っている。そのうちの 20 枚を選び、1 枚ずつ 1 つの物語を作ってもらう方式となっているが、実施枚数については、必ずしも 20 枚実施しなくてもよい。
　実施手続は、さまざまなあいまいな状況を描いた絵画図版を見せて、そこに描かれている人物や状況から、過去、現在、未来といった時間的変化を含んだ物語を被検者に空想させる。その内容をマレーの提唱した「欲求─圧力」理論をもとに解釈する。「欲求」とは、環境に働きかける行動を引き起こす内部からの力を指し、「圧力」とは環境側から働きかける力のことを指す。被検査者が葛藤状況をどのように認識し、どのような対処行動を行っているかといった性格・行動傾向から、人格諸特性または隠された欲求、精神的葛藤などを明らかにしようとする。
　児童統覚検査（CAT: Children's thematic Apperception Test）はベラック（Bellak, L.）が創始。人物の代わりに動物を登場させている。図版は 10 枚。

高齢者統覚検査（SAT: Senior's thematic Appercption Test）は65歳以上を対象とし、登場人物に高齢者が多く登場し、高齢者が回答しやすいよう工夫がされている。

4）作業検査法

作業検査法は一定の作業をさせることにより、作業に取り組む態度や作業能力を見る方式。ここでは、Bender Gestalt Test、内田クレペリン精神検査を取り上げ説明する。

(1) ベンダー・ゲシュタルトテスト（BGT: Bender Gestalt Test）（図2－1－7）

ロレッタ・ベンダー（Bender, L.）によって、感覚刺激の知覚運動的な統合機能の成熟度を評価する検査として開発された。5歳〜10歳（児童用）、11歳〜成人（成人用）がある。適用範囲は幼児から成人。

ゲシュタルト心理学者ヴェルトハイマー（Wertheimer, M.）の研究から引用されている。9個の幾何図形を提示され（図2－1－7）、白紙に書き写すように求められる方式。精神疾患や発達障害の診断、児童の心身及び知能の成熟度の判断、さらに器質的脳損傷の評価や投影法検査としても使われ、近年は認知症を詳細に評価する際にも用いられている。

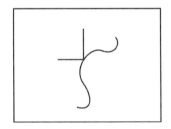 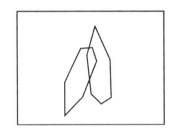

図2－1－7　ページベンダー・ゲシュタルトテスト提示図形

(2) 内田クレペリン精神検査

クレペリン（Kraepelin, E.）が発見した作業曲線を元に、内田勇三郎が開発した。簡単な一桁の足し算をできるだけ早く、連続して行うことを求められる。適用範囲は幼児〜成人。

検査用紙は1行に121個の数字が並び、上下2段に17行ずつ印刷されている。実施方法は隣同士の数字を加算し、1分毎に行を変えながら、休憩をはさみ前半と後半で各15分間ずつ、合計30分間計算を行う。検査分析は、誤答数をチェックした上で、前半と後半それぞれ各列の作業終了点を線で結び、その形について基準となる定型曲線からのズレの程度との組み合わせによる曲線類型判定と、個別の特徴を分析する個

別診断的判定を行う。定型曲線は、前後半とも最初の列の作業量が最多となり、休憩前の前半より休憩後の後半の作業量の方が多く、前半がU字型もしくはV字型の作業曲線を、後半が右下がりの作業曲線を示す。全体の計算量（作業量）、1分毎の計算量の変化の仕方（作業曲線）と誤答から、作業能力、疲れやすさ、回復力、根気などを測定する。作業量によって表れた曲線から、「能力面の特徴」と「性格・行動面の特徴」を推定できる。

5）知能検査

個人式知能検査では、ビネー式知能検査とウェクスラー式知能検査が代表的であり、集団知能検査法には、新田中式 A/B 知能検査や京大 NX 知能検査などがある。

(1) ビネー式知能検査

フランスのビネー（Binet, A.）がシモン（Simon, T.）と共に創始。精神発達の早さには、同じ年齢の子供でもそれぞれ個人差があると考え、あらかじめ特定年齢の子供が50%～75%が正しく答えられるテスト項目を作っておき、それに回答できれば、その発達水準に到達していると評定。

アメリカのターマン（Terman, L. M.）は、知能テストの結果を表す指標として、「知能指数」（IQ: Intelligence Quotient）を開発し、標準化した。知能指数は精神年齢（MA: Mental Age）を生活年齢（CA: Chronological Age）で割って、100倍して求める。

知能指数 IQ ＝ 精神年齢 MA ÷ 生活年齢 CA × 100

精神年齢（Mental Age）：ビネーの知能テストによって評定された精神発達水準（単位は月数）。

生活年齢（Chronological Age）：実年齢（単位は月数）

ビネー式知能検査は知的能力障害の発見とその程度を把握することができるのが特徴。

わが国では、田中ビネー式知能検査、鈴木式ビネー式知能検査が活用されている。田中ビネー知能検査Ⅴでは、14歳以上の被験者には精神年齢を算出せず、もっぱら偏差値知能指数だけを求めるようになっている。

(2) ウェクスラー式知能検査

ウェクスラー（Wechsler, D.）が開発。知能構造の診断をするため「診断的検査」と呼ばれる。知能を環境に対する適応行動の表れと見、知能検査であると同時に適応障害の検査法である。ウェクスラー式は、幼児用・児童用・成人用があり、年齢別に

広範囲に適用される。しかし、知能指数 IQ に、偏差知能指数=DIQ（Deviation IQ）が用いられているので、知能指数 IQ が 69-139 の範囲内が特に有効であり、知的能力障害には有効性が低い（図 2 − 1 − 8　偏差知能指数）特徴がある。尚、偏差知能指数とは、一般的な知能指数（平均）からどの程度離れているかを示した値。

偏差 IQ ={（各個人の点数-当該年齢段階の平均点）÷当該年齢段階の標準偏差×15}＋100

① 種類
- 幼児用（WPPSI：Wechsler Preschool and Primary Scale of Intelligence）
- 児童用（WISC：Wechsler Intelligence Scale for Children）
- 成人用（WAIS：Wechsler Adult Intelligence Scale）16 歳 0 か月から 90 歳 11 か月適用

② 内容

WISC-IV では全般的な知的能力を示す全検査 IQ（full scale IQ：FSIQ）と、以下

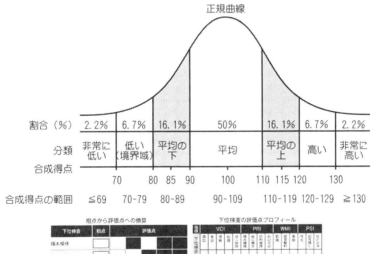

（上）図 2 − 1 − 8　ウェクスラー式知能検査偏差知能指数
（下）図 2 − 1 − 9　ウェクスラー式知能検査群指標と下位検査表
〔出典：日本文化科学社（2010）wisc-IV 記録用紙
（日本文化科学社より許諾を得て転載）〕

に示す4つの群指標が結果として示される。各群指標と下位検査は以下の通り（図2
－1－9　群指標と下位検査表）。

　＊言語理解指標（Verbal Comprehension index: VCI）
　　類似・単語・理解・語の推理・（補助　知識）語彙の豊かさや獲得知識、言葉に
　　よる推理
　＊知覚推理指標（Perceptual Reasoning Index: PRI）
　　積木模様・絵の概念・行列推理・（補助　絵の完成）
　＊ワーキングメモリ指標（Working Memory Index: WMI）
　　数唱・語音整列・（補助　算数）
　＊処理速度指標（Processing Speed Index: PSI）
　　符号・記号探し・（補助　絵の抹消）
改定が予定されているWISC-Vでは群指数は5つとなる予定。
　・言語理解指標（Verbal Comprehension Index: VCI）
　・視覚空間認識指標（Visual Spatial Index: VSI）
　・流動性推理指標（Fluid Reasoning Index: FRI）
　・ワーキングメモリ指標（Working Memory Index：WMI）
　・処理速度指標（Processing Speed Index: PSI）

6）発達検査

(1) カウフマン式児童用アセスメント・バッテリー（K-ABC: Kaufman Assessment
　　Battery for Children）

　アメリカの心理学者であるカウフマン夫妻（Kaufman, A. S. and Kaufman, N. L.）
が創始。知能は同時処理（複数の事柄を同時に処理して行く力）と継時処理（物事を
順番に解決して行く力）の2つの別個の能力であるということを提唱したルリアの考
え方が理論背景となっている。適用年齢は、2歳6か月から18歳11か月。
　子どもの精神発達や知的活動を認知的処理過程と習得度の2つの側面から測定し、
その子に得意な認知処理様式を見つけ、子どもの指導・教育に活かすことを目的とし
ている。
　発達障害のアセスメントに効果的。非言語性尺度が設定されているため、難聴児や
言語障害児にも実施できる。

(2) DN-CAS 認知評価システム（DN-CAS： Das-Naglieri Cognitive Assessment System）

ダス（Das, J. P.）が創始。ルリア（Luria, A. R.）の考え方が理論背景となっている。適用範囲は、5歳0か月から17歳11か月まで。

「プランニング」（P: Planning）「注意」（A: Attention）「同時処理」（S: Simultaneous）「継次処理」（S: Successive）の4つの認知機能の側面から子どもの発達の様子を捉え、子どもの長期的な予後を調べたり、認知機能の特徴・変化をみていくことができる。

発達障害の子どもたちに見られる認知的偏りの傾向を捉えることができ、その援助の手がかりを得るのに活用されている。

(3) グッドイナフ人物画法（DAM: Goodenough Draw A Man test）

グッドイナフ（Goodenough, F. L.）が創始。人物画による作業式の検査で子どもの知的能力障害や発達障害、知覚障害、運動障害などのスクリーニング検査。適用範囲は3歳～8歳6か月（健常児）。言葉を話せない児童、聴覚・言語・情緒面に障害がある児童にも適用できる。

「人を1人描いてください。頭から手足までしっかりと描いてください。」と教示する方式。5～10分程度で実施できる。絵を描くにあたっての採点基準が約50個あり、ひとつ1点の50点満点で採点する（図2－1－10）。

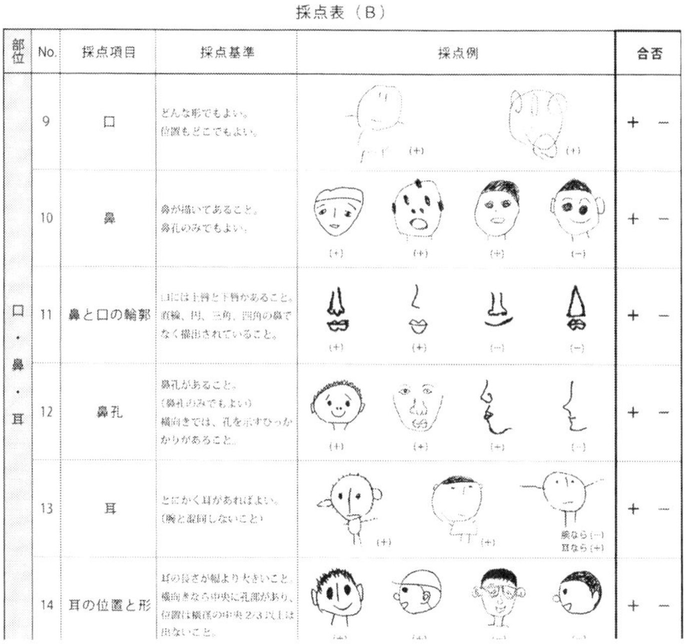

図2－1－10　グッドイナフ人物画法の採点基準
〔出典：小林・伊藤（2017）グッドイナフ人物画知能検査 新版 記録用紙，三京房〕

(4) 遠城寺式・乳幼児分析的発達検査（九大小児科改訂版）（図２－１－11）

九州大学附属病院の小児科医である遠城寺宗徳を中心に開発。生後１か月～４歳８か月の尺度を持つ。乳幼児の発達を『運動』、『社会性』、『言語』の３つの分野から把握しようとするもので、『運動』を「移動運動」と「手の運動」、『社会性』を「基本的習慣」と「対人関係」、『言語』を「発語」と「言語理解」に分けて、６つの領域から構成されている。発達年齢をグラフにプロットすることで、折れ線グラフを描き図示することができ、発達の様相が全体像の上からとらえやすいようにできている。

障害児の発達状況を比較的簡単に検査し、発達グラフにあらわして、一見して発達の偏りや程度を把握できるのが特徴的。スクリーニング用。

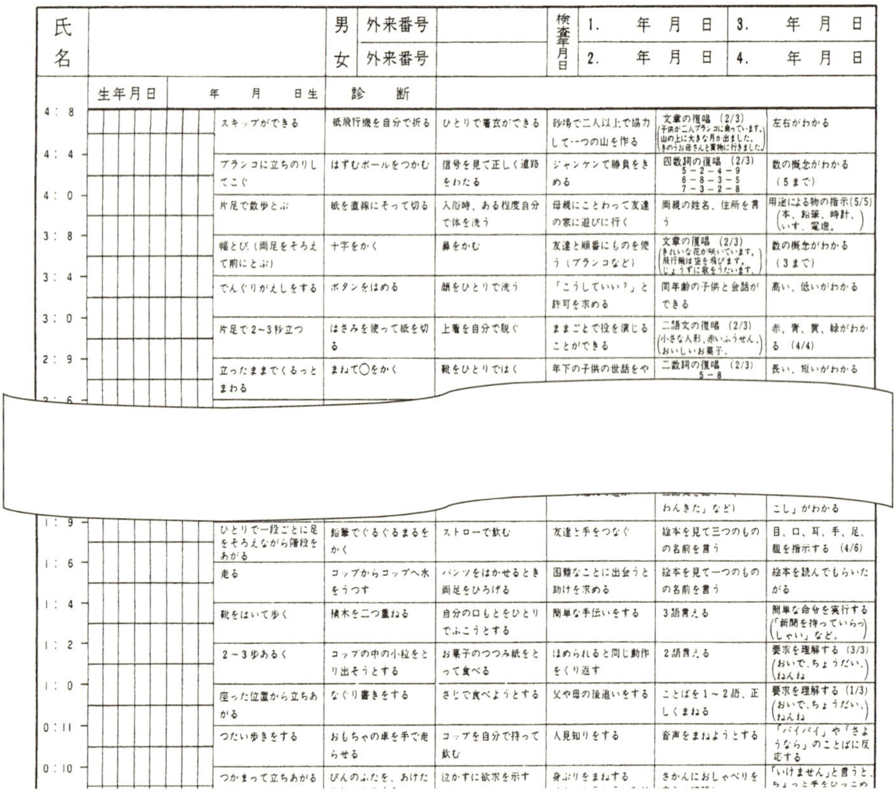

遠城寺式・乳幼児分析的発達検査表　（九大小児科改訂版）

氏名	男	外来番号	検査年月日	1.　年　月　日 / 3.　年　月　日
	女	外来番号		2.　年　月　日 / 4.　年　月　日
生年月日	年　月　日生	診　断		

4：8	スキップができる	紙飛行機を自分で折る	ひとりで着衣ができる	砂場で二人以上で協力して一つの山を作る	文章の復唱 (2/3)（子供が二人ブランコに乗っています。山の上に大きな月が出ました。きのうお母さんと買物に行きました。）	左右がわかる
4：4	ブランコに立ちのりしてこぐ	はずむボールをつかむ	信号を見て正しく道路をわたる	ジャンケンで勝負をきめる	四数詞の復唱 (2/3) 5－2－4－9 6－8－3－5 7－3－2－8	数の概念がわかる（5まで）
4：0	片足で数歩とぶ	紙を直線にそって切る	入浴時、ある程度自分で体を洗う	母親にことわって友達の家に遊びに行く	両親の姓名、住所を言う	用途による物の指示(5/5)（本、鉛筆、時計、いす、電燈。）
3：8	幅とび（両足をそろえて前にとぶ）	十字をかく	鼻をかむ	友達と順番にものを使う（ブランコなど）	文章の復唱 (2/3)（きれいな花が咲いています。飛行機は空を飛びます。じょうずに歌をうたいます。）	数の概念がわかる（3まで）
3：4	でんぐりがえしをする	ボタンをはめる	顔をひとりで洗う	「こうしていい？」と許可を求める	同年齢の子供と会話ができる	高い、低いがわかる
3：0	片足で2～3秒立つ	はさみを使って紙を切る	上着を自分で脱ぐ	ままごとで役を演じることができる	二語文の復唱 (2/3)（小さな人形、赤いふうせん、おいしいお菓子、）	赤、青、黄、緑がわかる (4/4)
2：9	立ったままでくるっとまわる	まねて○をかく	靴をひとりではく	年下の子供の世話をや	二数詞の復唱 (2/3) 5－8	長い、短いがわかる
2：6						
					わんきた」など）	こし」がわかる
1：9	ひとりで一段ごとに足をそろえながら階段をあがる	鉛筆でぐるぐるまるをかく	ストローで飲む	友達と手をつなぐ	絵本を見て三つのものの名前を言う	目、口、耳、手、足、腹を指示する (4/6)
1：6	走る	コップからコップへ水をうつす	パンツをはかせるとき両足をひろげる	困難なことに出会うと助けを求める	絵本を見て一つのものの名前を言う	絵本を読んでもらいたがる
1：4	靴をはいて歩く	積木を二つ重ねる	自分の口もとをひとりでふこうとする	簡単な手伝いをする	3語言える	簡単な命令を実行する（「新聞を持っていらっしゃい」など。）
1：2	2～3歩あるく	コップの中の小粒をとり出そうとする	お菓子のつつみ紙をとって食べる	ほめられると同じ動作をくり返す	2語言える	要求を理解する (3/3)（おいで、ちょうだい、ねんね）
1：0	座った位置から立ちあがる	なぐり書きをする	さじで食べようとする	父や母の後追いをする	ことばを1～2語、正しくまねる	要求を理解する (1/3)（おいで、ちょうだい、ねんね）
0：11	つたい歩きをする	おもちゃの車を手で走らせる	コップを自分で持って飲む	人見知りをする	音声をまねようとする	「バイバイ」や「さようなら」のことばに反応する
0：10	つかまって立ちあがる	びんのふたを、あけた	泣かずに欲求を示す	身ぶりをまねする	さかんにおしゃべりを	「いけません」と言うと、ちょっと手をひっこめ

図２－１－11　遠城寺式・乳幼児分析的発達検査表（サンプル）
〔出典：遠城寺宗徳，慶應義塾大学出版会〕

(5) 日本版デンバー式発達スクリーニング検査（JDDST）

　コロラド州デンバー市の乳幼児の検査結果を基に、上田礼子らが標準化。アメリカのフランゲンバーグとドッゾが乳幼児期に発達の遅滞や歪みのあるものを早期にスクリーニングする目的で考案。

　適用年齢は、生後16日から6歳までで、就学前の年齢範囲。乳幼児の発達について『個人—社会』、『微細運動—適応』、『言語』、『粗大運動』の4領域、104項目から全体的にとらえ、評価しようとしているところが特徴。

　検査用紙には、各検査項目で示される特定の行動が獲得される正常な年月齢期間が視覚的に図示。検査用紙の上と下には、0～6歳にわたる年月齢尺度があり、それぞれの検査項目は、障害のない子どもの25％、50％、75％、90％が可能になる時期を示す年月齢尺度のところに個人差の幅で記入されている。

7）神経心理学検査

　神経心理学検査は高次脳機能の障害の同定や障害の程度測定を目的として開発。高次脳機能障害は外傷・疾病などの脳の損傷により、知能、見当識、言語、注意、記憶、遂行機能、知覚、行為などに困難があらわれる障害である。各高次脳機能領域に応じてさまざまな検査が開発されている。

　ここでは、認知症のスクリーニング検査から、HDS、MMSE、CDTを紹介する。3部にて、脳機能について知識の学びと関連させながら、その他の神経心理学検査は必要に応じて説明する。主要な神経心理学検査は表2－1－1に示す。

(1) 長谷川式簡易知能評価スケール（HDS: Hasegawa Dementia Scale）

　長谷川和夫が開発。認知症のスクリーニングのために用いられる。

　検査課題は、「今がいつか（時間）」「ここがどこか（場所）」の見当識、「3つのことばの記銘」「数字の逆唱」「3つのことばの遅滞再生」「5つの物品の記銘」の記憶力、「100から順に7を引く」計算力、「具体的な野菜の名前を挙げる」言語の流暢さなどを測る9項目から成る。5～10分程度の簡単な検査。

　30点満点で20点以下は認知症の疑いとされる。尚、2点満点の課題は自発的な回答がなければ、ヒントを与えて1点をつけ、採点する。認知症患者は社会的常識や計算力より自分自身に関する基本的認識から欠落していく傾向がある。

(2) ミニ・メンタルステート検査（MMSE: Mini-Mental State Examination）

　フォルスタイン夫妻が開発。MMSEの評価項目は11問で、見当識、単語の記銘や

第Ⅱ部　応　用

注意と計算のほか、「教示されたいくつかの命令を理解し実行する」「紙に書かれた文を理解し実行する」「筋が通った任意の文を書く」「提示された図形と同じ図形を書く」などで構成されている。30点満点で23点以下で認知症の疑いがあると判断される。世界的に活用されている。

(3) 時計描画テスト（CDT: Clock Drawing Test）

　従来は視空間認知機能の評価法とされていたが、近年では認知機能のスクリーニングとしても用いられるようになった。A4サイズの紙に時計の絵を描き上げる方式。「この紙に、紙の大きさに見合った大きさの、丸時計の絵を描いて下さい。数字も全部書いて、11時10分の時刻を指すように描いて下さい」口頭で教示する。

　量的評価の採点（Freedmanらの方法）は、1．外周円が整っている、2．円の大きさが適切である、3．1～12数字のみを書く、4．算用数字をもちいる、5．数字の順序が正しい、6．用紙を回転せずに書く、7．位置が正しい、8．円のなかにある、9．2本の針を有する、10．適切に時を指す、11．適切に分を指す、12．分針の方が長い、13．余計な印がない、14．2本の針が結合する、15．中心が設定されている等、15点満点で評価する。

表2－1－1　神経心理学検査

知能検査	ウェクスラー成人知能検査（WAIS） ビネー式知能検査 レーヴン色彩マトリックス検査（RCPM） コース（Kohs）立方体組み合わせテスト 長谷川式簡易知能評価スケール（HDS） ミニメンタルステート検査（MMSE） 時計描画テスト（CDT）
記憶検査	ウェクスラー記憶検査（WMS） 三宅式記銘力検査 リバーミード行動記憶検査（RBMT） レイ複雑図形検査（ROCFT） ベントン視覚記銘検査（BVRT） レイ聴覚性言語学習検査（RAVLT）
言語検査	標準失語症検査（SLTA） WAB失語症検査 トークンテスト
注意力検査	標準注意検査法（CAT） トレイルメーキング検査（TMT）
前頭葉検査	ウィスコンシンカード分類課題（WCST） 流暢性テスト（語・文字・意味・デザイン） ストループテスト 遂行機能の行動評価法（BADS）
知覚	標準高次視知覚検査（VPTA） BIT行動性無視検査
行為	標準高次動作性検査（SPTA） 標準意欲評価法（CAS）

チャレンジコーナー　既出問題に挑戦してみよう

① 投影法検査はどれか。2つ選べ。
　1．MMPI　　　　　2．P-Fスタディ　　　3．バウムテスト
　4．東大式エゴグラム　5．内田クレペリンテスト

② エゴグラムの自我状態で「現実的で合理的な行動」をあらわすのはどれか。
　1．CP　　　　　　2．NP　　　　　　　3．A
　4．FC　　　　　　5．AC

③ MMSE（mini mental state examination）に含まれ、HDS-R（改訂長谷川式簡易知能評価スケール）には含まれない項目はどれか。
　1．計　算　　　　2．見当識　　　　　3．遅延再生
　4．構成課題　　　5．言語流暢性課題

④ 認知症のスクリーニングに有用な心理検査として、適切なものを1つ選びなさい。
　1．文章完成法テスト　　　　　　　　2．ロールシャッハテスト
　3．MMPI（ミネソタ多面人格テスト）　4．ミニ・メンタルステート試験
　5．ウェクスラー成人知能検査

⑤ 正しい組み合わせはどれか。
　1．ベンダー・ゲシュタルトテスト　―　図形模写
　2．コース立法対組み合わせテスト　―　投影法
　3．文章完成法テスト　―　質問紙法
　4．内田クレペリンテスト　―　カテゴリー分類
　5．P-Fスタディ　―　描画法

⑥ 10歳児の知能を測定するのに、最も有用な検査はどれか。
　1．改定日本版デンバー式（DDST）　　2．内田クレペリン精神作業検査
　3．WAIS　　　　　4．WISC　　　　　5．WPPSI

⑦ 右の図に示す課題を用いる検査はどれか。

1．SCT　　　　　2．SDS　　　　　3．TEG
4．P-F スタディ　5．Bender Gestalt Test

⑧ 下図に示す課題を用いる検査はどれか。

1．Bender Gestalt Test　2．Raven's Colored Progressive Matrices
3．Rey Auditory Verval Learning Test　4．Rey-Osterrieth Complex Figure Test
5．Stroop Test

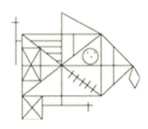

⑨ 構成課題を含む検査はどれか。2つ選べ。

1．MMPI　　　　2．MMSE　　　　3．HDS
4．Rorschach Test　5．Kohs 立方体組み合わせテスト

⑩ HDS-R について正しいものを2つ選べ。

1．20 点以下は認知症を疑う
2．認知症の重症度評価を主な目的とする
3．図形模写などの動作性検査を含むテストである
4．野菜の名前を問う問題は知識量を問うものである
5．ことばの遅延再生問題で自発的な回答がなければ、ヒントを与える。

解答：① 2、3　　② 3　　③ 4　　④ 4　　⑤ 1
　　　⑥ 4　　⑦ 4　　⑧ 4　　⑨ 2、5　　⑩ 1、5

第Ⅱ章　精神療法

　精神療法には多種多様な学派によるものがある。代表的な潮流として、精神分析・行動療法・ヒューマニステックなものがある。支援を行う際、治療者は EBM（Evidence Based Medicine：根拠のあるデータに基づいた医療）に基づきどのような療法が個々のクライエントに適切かを検討した上で、説明を行ない、クライエントのインフォームド・コンセント（informed-consent： 説明と同意）を得る必要がある。クライエントは自分の病状と医療行為について知りたいことを知る権利があり、治療方法を自分で決める、決定する権利を持つ。
　実際的な支援の在り方として、代表的な精神療法を紹介する。

第1節　力動論に基づく療法

1）精神分析療法

　19世紀末にフロイト（Freud, S）が創始。
　基本的な考え方は
　　① 人間の行動や考え方は無意識な力に規定されている。
　　② 夢には無意識なものが現れる。
　　③ 乳幼児期の体験を通して作られた感情表現、防衛機制、関係性が成人期に再現される。
　治療では、
　　① 無意識に抑圧されたものを意識化し、抑圧された葛藤に対する解釈を行い洞察が得られる。
　　② クライエントが幼児期に重要な人物に向けた感情を治療者に向ける（＝転移）を扱う。
　　③ 自由連想法、夢分析、修正情動体験
　神経症、強迫障害などに適用

2）精神分析に関わる用語説明

- クライエントが無意識なものに直面することを避けることを抵抗という。
- 言語化を基本とする心理治療においてことばではなく行動で表現されること

を<u>行動化</u>という。
- <u>転移</u>はクライエントが幼児期に重要な人物に抱いていた感情を別の人、特に治療者に向けること
- <u>逆転移</u>は治療者からクライエントへ感情表現が向けられること
- <u>陽性感情</u>は好意などのプラスの感情、<u>陰性感情</u>は敵意などのマイナスの感情
- <u>防衛機制</u>は自分にとって受け入れがたい欲求や感情が心的苦痛を起こす予感から身を守る方法。

代表的な防衛機制には、以下のものがある。

表 2-2-1 さまざまな防御機制

種　類	内　　容
抑圧	受け入れがたい欲求や感情を無意識に抑え込む、ふたをする。意識から追放・排除する。
投影（投映）	自分が感じていることを、自分ではなく、相手がそう感じているとすること 例：自分が好きな人に対して、相手が自分を好いていると思う
反動形成	受け入れがたい欲求や感情を反対方向の行動で示す 例：好きな子をいじめる。苦手な人に過度に丁寧にする
解離	心にとどめておけないことを記憶にないことにしてしまう 例：母親から虐待されたことを思い出せない
打ち消し	意識したくない感情や行為を帳消しにしょうとする 例：汚されたと感じた手を洗い続ける
同一化	相手と自分が一体であるような意識となる 例：好きなアイドルと同じ話し方になる
退行	現在の発達段階より未熟な段階に後戻りする 例：弟が生まれると兄に幼児返りが起こる
知性化	感情的にならないよう、知識を用いて客観的に対処しようとする
隔離（分離）	嫌な出来事に対して、感情と事実を切り離すこと
昇華	抑圧された衝動を社会的に支持される好ましいものに変えて発散 例：攻撃性をスポーツ、苦悩を芸術へと価値ある方向へ向ける
置き換え	特定の対象への感情を受け入れやすい別の対象に移す 転換：情動が取り除かれ、身体の領域に移動
合理化	論理的な理由をつけて、合理的に正当化する説明する 例：手が届かないおいしそうなブドウに「あのブドウはまだ酸っぱい」と自分を納得させる

第2節　学習理論・認知論に基づく療法

1）第1世代としての行動療法

　学習理論の応用である行動療法として誕生。客観的に測定できる「行動」をターゲットとする。望ましくない習慣行動は不適切な学習によるものであると考え、不適切な行動を消去し、適切な行動を新たに身につける行動の制御である。レスポンデント条件付け（古典的条件付け）とオペラント条件付け（道具的条件づけ）がある（Ⅰ部参照）。

　当初、行動療法では、認知は注目されていなかった。しかし、刺激に対する個人の受け止めが重視されるようになり、行動の中に、認知・情動を含める考え方起こる。訓練療法と呼ばれる。

　代表的なものとして、

(1) 応用行動分析

　バラス・スキナー（Skinner, B. F.）のオペラント条件付けを理論的基礎とする。なぜそのような行動をするかの原因を個人の中ではなく、主に環境条件に求める。行動を環境と個人の相互交渉と捉え、環境条件の変化によって、行動を変容させる。

　発達障害などに適用。

(2) 系統的脱感作法

　ジョセフ・ウォルピ（Wolpe, J.）が創始。レスポンデント条件付けを理論的基礎とする。

　治療では、不安や恐怖を起こす場面をいくつか挙げて、最も不安を感じる程度から弱いものまで階層表を作る。心身をリラックス（主に筋弛緩などを用いる）させながら、まず、不安の弱いものを繰り返し思い出しその後リラックスさせることを繰り返すことで、不安を除いていく。

　反応を起こす刺激にエクスポージャー（暴露）する心理療法にもつながっている。

　不潔恐怖や不安障害などに適用。

(3) トークンエコノミー法

　オペラント条件付けを理論的基礎とする。望ましい行動をした時におもちゃの紙幣などの報酬（トークン）を与えて、それがたまったらお菓子と交換できるとか、遊園地に遊びに行けるなどして段階的に学習を行う方法。トークンにはおもちゃの紙幣の他に、スタンプやシールなどを用いる。

　幼児対象に家庭・教育場面で適用。子どもの習癖や発達障害などに適用。

第Ⅱ部　応　用

(4) ソーシャルスキルトレーニング（SST: Social Skills Training）

　行動療法の自己主張訓練から発展、集団で活用される。社会学習理論を基本として、他者の観察や模倣を通じて社会的スキルが身につき、自発的に行動変容がもたらされることで、対人関係技能の改善を目ざす。モデリングを技法として取り入れている。

　通所施設、教育現場、ディケアなどで活用されている。

2）第2世代としての認知行動療法

　動物と異なり、人間は予期、期待、信念などによって行動する。第1世代にはなかった認知を強調する認知療法がベックやエリスによって提唱された。

　認知の歪みの修正、非論理的な思考から論理的な思考への変更させることで、行動変容を目指す。

　代表的なものとして、

(1) 認知療法（Cognitive Behavioral Therapy: CBT）

　アーロン・ベック（Beck, A. T.）が創始。治療では、認知的介入と行動療法的介入を行う。

- ・直面している問題点を洗い出して治療方針を立てる。ホームワークとして介入
- ・否定的自動思考に焦点をあて認知の歪みを修正する。

　例：選択的抽出、独断的推論、自己関連づけ、絶対的二分法など

- ・スキーマ（まとまって記憶されている情報や知識）に焦点を当てる。適時ロールプレイなどを用いて、今後起こりうる問題への対処のリハーサルも行う。

　心身の不適応やうつ病などに適用。

(2) 論理療法（Rational Emotive Therapy: REBT）

　アルバート・エリス（Ellis, A.）が創始。悩みというものは、出来事そのものから生み出されるものではなく、出来事の受け取り方によるものだということ。出来事に対しての非論理的な解釈を、論理的な解釈に改善することで、生み出される結果を変える（良くする）。まず出来事（A）があり、次に結果（C）があるのではなく、必ずその間にビリーフ（B）があるという理論。不合理な考えによる解釈をイラショナル・ビリーフ、合理的な解釈をラショナル・ビリーフと呼ぶ。

　A（Activating event）：出来事
　B（Belief）：信念、固定観念
　C（Consequence）：結果
　D（Dispute）：非論理的思考への反論・論駁

抑うつ状態やうつ病などに適用。

3）第3世代認知行動療法：2000年頃〜

　第2世代認知行動療法では、望ましくない行動や認知の歪みなど、認知・思考の「内容」の消去が目的となっていたが、第3世代認知行動療法では、「内容」よりも「機能」に着目する。

　仏教、禅、ヨガなどの東洋文化を取り入れ、マインドフルネスに基づいた認知行動療法。マインドフルネスとは、仏教の瞑想法に由来する。過去は追ってならない。未来は待ってならない。"今ここ"にただ集中している心のあり方。

> "Do not dwell in the past, do not dream of the future, concentrate the mind on the present moment."

治療法には
- 再発性うつ病の治療に特化した治療法
- 弁証法的行動療法（DBT）：境界性パーソナリティ障害に特化した治療法
- アクセプタンス&コミットメント・セラピー（Acceptance & Commitment Therapy: ACT）

広く精神障害に適用。

第3節　ヒューマニステック精神療法

1）来談者（クライエント）中心療法

　カール・ロジャーズ（Rogers, C. R.）が確立。来談者中心という意味は、「どんな問題が決定的か、どんな経験が深く隠されているか」などを知っているのは来談者だけである。治療者は来談者の治療過程の動いていく方向を信頼し傾聴することを旨とする。非指示的療法ともいわれる。来談者が自己洞察（気づき）・自己決定できるように、共感的な理解を持って、非指示的に支持する。来談者がもともと持っている力が発揮できるよう、受容と尊重を持って、支える。人間はもともと自己実現に向かう存在であるとする人間観を理論的基礎とする。

　カウンセラーの必要条件としては、3点挙げられている。
- 自己一致…純粋さ
- 無条件の肯定的な配慮…受容と尊重、所有欲のない愛情
- 共感的な理解…あたかも来談者であるかのように正確に知覚する。しかしあたかもである。

心の悩みを持つ来談者への面接で広く適用されている。心身の不適応やうつ病など治療に適用。

2）遊戯療法（プレィセラピー）

遊びを媒介に心理的問題の解決を図る。ロジャースの弟子であるアクスラインの8原則を理論的基礎として行われることが主。安心できる関係を作り、必要最低限の制限を設ける以外は、子どもをあるがままに受け入れ、子どもの本来持っている能力を信頼する。子どもの感情を治療者は注意深く感じ取り、反射し、こどもの気づきを促す。治療は子どもが主体となり進むべき。治療者は子どもの後に従っていく。

子どもの心身の不適応に適用。

第4節　リラクゼーション・トレーニング

1）自律訓練法

ドイツの精神科医シュルツ（Schultz, J. H.）が創始。深いリラクゼーションを獲得するためには、1つは手足が「重たい」という感じであり、もう1つは、「温かい」感じを得ることが必要と考案。

具体的には「気持ちが落ち着いている」「両手両足が重い」などの言語公式と呼ばれる決まった語句を反復暗誦することで、自己暗示と注意力を高め、緊張状態から弛緩状態へと誘導する訓練法。心理的なリラクゼーションから入り、練習を進めていくにつれて、生理的・身体的リラクゼーションが得られるようになるのが特徴的。

心身症、神経症などの治療に適用。

2）漸進的筋弛緩法

エドモンド・ジェイコブソン（Jacobson, E.）が創始。不安や緊張、恐怖などのストレスを抱えているとき、無意識のうちに骨格筋が過度に収縮している状態であると考案。生理的・身体的なリラクゼーションから入り、心理的リラクゼーションが得られるようになるのが特徴的。

具体的にはからだの各パーツの筋肉をしばし意識的に緊張させたあと、力を抜いて緩めることを繰り返し、その状態に意識を向けて、いちばん弛緩する状態を認識する。その状態を自発的に制御し再現することで筋肉の疲労などを緩和させる。全身的なリラクゼーションができると、脈拍数の減少、血圧の低下、呼吸数の減少、皮膚温上昇が生じる。

心身症、神経症などの治療に適用。

3）バイオフィードバック

　「生体」を意味する bio と「帰還」を意味する feedback が合成されたことば。理論背景は学習理論。自発的に制御できない生理活動を工学的に測定して知覚可能な情報として生体に伝達し、それを手がかりとして学習・訓練を繰り返して、自己制御を達成する技法。自律反応のオペラント条件付けは可能かの問題提起から始まった。

　例えば、音の高さの変化が本人の前額部の筋緊張の程度を表すことを教え、できるだけ音を低くするように努力させる。音が低くなれば、それだけ筋が弛緩（しかん）しているので、クライエントは音の高さの変化を手掛りにして、どうすれば前額の筋が緩むのかを学習する。

　心身症などの治療に適用。

4）眼球運動による脱感作および再処理法
　　　（Eye Movement Desensitization and Reprocessing: 00 EMDR）

　シャピロ（Shapiro, F.）により開発された、比較的新しい心理療法。古典的条件付けの原理である逆制止と、眼球運動の神経生理学的効果と考えられている記憶の再構成による治療法。

　具体的には、眼球を左右水平方向に急速にリズミカルに動かす運動を行うことで、過去の否定的な記憶を再処理し、否定的な感情を弱めていく。

　PTSD や解離障害などの治療に適用。

第5節　さまざまな精神療法

1）内観療法

　日本独自の精神療法。吉本伊信が創始。集中内観と日常内観がある。

　治療は自己探求方式。自分にとって重要な人物との関係を、年齢順に、以下の3点について、具体的な事実を調べる。これまで気づかれないままになっていた自分に大きな影響を与えた人物との体験を思い起こし、感情・思いを整理することが目的である。

　　① お世話になったこと
　　② お世話をして返したこと
　　③ 迷惑をかけたこと

教育・矯正施設現場で活用。

2）森田療法

　日本独自の精神療法。森田正馬が創始。森田独は独自の神経症観に基づき、ヒポコンドリーの素質を持ったクライエントは心身の不調に注意を集中することで苦悩が増大することに着目し、「精神相互作用」を重視した。「とらわれ」から抜け出し、「あるがまま」を受け入れるよう支持する精神療法。訓練療法に含まれる。

　入院治療では各期約1週間程度、4つの過程を経る。
- ①　絶対臥褥期…個室に隔離、食事・排便以外は絶対臥褥を命ずる
- ②　軽作業期
- ③　重作業期
- ④　生活訓練期…退院準備期間

3）交流分析

　エリック・バーン（Berne, E.）が創始。フロイト（Freud, S.）のエッセンスを口語版ともいわれる。心の仕組みを記号や図式を使って簡明に説明している。だれでも考える力を持っていることを前提として、それぞれの人生は自らが選択して歩むもので、自分の人生を自律的によりよい方向に変えていくことを目的としている。「過去と他人は変えられない。自分と未来は変えられる」ので、自己への気づきを増し、「今、ここ」の決断を大切としている。

　交流分析理論を基にしたエゴグラム（TEG）は教育・医療現場で広く活用されている（東大式エゴグラム参照）。

4）芸術療法（アートセラピー）

　芸術を用いて、心の中に生じていることを何らかの形で表現したいという欲求に基づいた精神療法。技術の巧みさではなく、気持ちの整理となり、表現が心の癒しへとつながる。

　幼児から老人までの適用が可能である。
- ①　絵画療法：
  自由画法だけでなく、なぐり描き法、人物画、家族画、風景構成法、9分割統合絵画法など多数開発されている。
- ②　造形療法：
  彫刻・陶芸・粘土など

③ 詩歌療法：

俳句・詩・和歌・連句など

④ 音楽療法：

音楽を利用して、情動・身体に直接影響を与える療法。クライエントが好む音楽を聴き、心理的安定を図る・セラピストがクライエントの動きや表情などに即応して演奏する・クライエント自身が演奏する3タイプがある。音楽療法で扱う音は定型的な音楽から、海の音、風の音、人の声などあらゆる音が含まれる。

⑤ 心理劇：

モレノ（Moreno, J.）が創始。即興的、自発的にある役割を演じる劇的な方法を用いる集団心理療法

⑥ 箱庭療法 ：

ローウェンフェルト（Lowenfeld, M.）の「世界技法」を学んだカルフ（Kalff, D. M.）が創始。全体を一望できる内側を青く塗った箱（縦57×横72×深さ7cm）の中に、砂とミニチュアを用いて、内界を表現する技法。言葉では表現しにくいイメージや葛藤を表現できる。

第Ⅱ部　応用

チャレンジコーナー　既出問題に挑戦してみよう

① 「一目惚れ」に関連する防衛機制はどれか。
　　1．知性化　　　　2．合理化　　　　3．理想化
　　4．否認　　　　　5．転換

② Rogersによるカウンセリングの方法はどれか。2つ選べ。
　　1．自由連想　　　2．抵抗分析　　　3．非指示的態度
　　4．系統的脱感作法　5．来談者中心

③ 正しい組み合わせはどれか。
　　1．ピアジェ―性格類型　　　　　2．フロイト―認知発達
　　3．ロジャーズ―来談者中心　　　4．エリクソン―無意識
　　5．クレッチマー―発達課題

④ 正しい組み合わせはどれか。
　　1．自律訓練法―四肢重感練習　　2．系統的脱感作法―絶対臥褥
　　3．森田療法―不安階層表　　　　4．自由画法―バウムテスト
　　5．交流分析―古典的条件付け

⑤ 精神療法とその技法で正しい組み合わせはどれか。
　　1．精神分析療法―あるがまま　　2．内観療法―自由連想
　　3．認知療法―自動思考　　　　　4．箱庭療法―造園作業
　　5．森田療法―見調べ

⑥ 学習理論に基づくのはどれか。
　　1．内観療法　　　2．箱庭療法　　　3．交流分析
　　4．認知行動療法　5．精神分析療法

⑦ 認知療法の用語として、正しいものを1つ選びなさい。
　　1．転移　　　　　2．催眠　　　　　3．自動思考
　　4．絶対臥褥（がじょく）　　　　　5．自由連想

⑧ カウンセリングや心理療法に関する次の記述のうち、最も適切なものを1つ選びなさい。
1　認知行動療法では、クライエントの発言を修正せず全面的に受容することが、クライエントの行動変容を引き起こすと考える。
2　社会生活技能訓練（SST）では、ロールプレイなどの技法を用い、対人関係で必要なスキル習得を図る。
3　ブリーフセラピーでは、即興劇において、クライエントが役割を演じることによって、課題の解決を図る。
4　来談者中心カウンセリングでは、クライエントが事実と違うことを発言した場合、その都度修正しながら話を聞いていく。
5　動機づけ面接では、クライエントの変わりたくないという理由を深く掘り下げていくことが行動変容につながると考える。

⑨ 適応機制に関する次の記述のうち、最も適切なものを1つ選びなさい。
1　抑圧とは、現在の発達段階より下の発達段階に逆戻りして、未熟な言動を行うことをいう。
2　昇華とは、ある対象に対して持っていた本来の欲求や本心とは反対の言動をとることをいう。
3　退行とは、苦痛な感情や社会から承認されそうもない欲求を、意識の中から閉め出す無意識的な心理作用のことをいう。
4　合理化とは、自分がとった葛藤を伴う言動について、一見もっともらしい理由づけをすることをいう。
5　反動形成とは、社会から承認されそうもない欲求を、社会から承認されるものに置き換えて充足させることをいう。

⑩ 系統的脱感作法の説明として、最も適切なものを1つ選びなさい。
1　自分や周囲に対して過度に否定的で、挫折感に浸っている不安やうつなどの気分障害のクライエントに対して、考え方や感じ方を肯定的な方向に変化させていく。
2　受動的注意集中状態下で、四肢の重感、四肢の温感、心臓調整、呼吸調整、腹部温感、額部涼感を順に得ることで、心身の状態は緊張から弛緩へ切り替えられる。
3　「すべての人に愛されねばならない」という非合理的な信念を、「すべての人に愛されるにこしたことはない」という合理的な信念に修正していく。
4　観察者はお手本（モデル）となる他者の行動を観察することで、新しい行動を獲得し

第Ⅱ部　応　用

> たり、既存の行動パターンを修正する。
> 5　クライエントは、個別に作成された不安階層表を基に、リラックスした状態下で不安の誘発度の最も低い刺激から徐々に刺激が増やされ、段階的に不安を克服していく。
>
> 解答：① 3　　② 3、5　　③ 3　　④ 1　　⑤ 3
> 　　　⑥ 4　　⑦ 3　　⑧ 2　　⑨ 4　　⑩ 5

引用・参考文献

ISHII Nobuko（2011）Mental Support for Mothers of Children with Developmental Disorders, *Creating New Science for Human Services*, 29-43

岡本夏木・清水御代明・村井潤一監修（1995）発達心理学辞典、ミネルヴァ書房

氏原寛・東山紘久・村瀬孝雄他編（1992）心理臨床大事典、培風館

石井信子・藤井裕子・森和子（2005）くらしにいかす心のサイエンス、三和書房

村井俊哉・森本恵子・石井信子編著（2015）メンタルヘルスを学ぶ、ミネルヴァ書房

作業・理学療法士国家試験問題と解答、厚生労働省 HP
　https://www.mhlw.go.jp/index.html（2019.7.31 アクセス）

公認心理師試験問題と解答、厚生労働省 HP
　https://www.mhlw.go.jp/index.html（2019.7.31 アクセス）

精神保健福祉士試験問題と解答、厚生労働省 HP
　https://www.mhlw.go.jp/index.html（2019.7.31 アクセス）

コッホ　Koch, C.・林勝造ら訳（1970）バウムテスト、日本文化科学社

第Ⅲ部　脳科学からの理解

　第Ⅲ部では、「こころ」の生物学的な基盤、「こころ」を生み出す臓器と考えられている脳について、その構造や働き、傷ついたときに生じる症状などについて説明していきます。
　「こころ」の中身は、ヒトそれぞれの経験に基づいて形成されていきますが、「経験」を含めた情報処理の仕方、あるいは「こころ」の働きについては、脳についてのある程度の理解が必要になります。たとえば、あなたが覚えている小学生の頃の出来事は、あなたという個人に特有のものですが、どのようにして記憶しているかということについては、ヒトという種に共通の脳の働きを理解する必要があります。脳が傷ついたとき、健康な人の常識では想像しがたいような症状が生じることもあります。あるいは脳の働きを知ることによって、こどもの成長について理解が深まることもあります。脳の理解を深め、こころの理解についての手助けとしていただければと思います。

第Ⅲ部　脳科学からの理解

第Ⅰ章　神経心理学の考え方

　神経心理学という学問は、もともと失語症の検討を中心に発達してきた。このような学問が盛んになるきっかけとなったのは、1861 年の Paul Broca（ブローカ 1824-1880）という学者による失語症患者の脳損傷部位の報告である。その中でブローカは、のちに症例 tan（彼は何を聞かれても'tan'としか答えられなくなっていたので、このように呼ばれた）と呼ばれるようになった症例について、その症状が現在ブローカ野と呼ばれるようになった左下前頭回尾側 1/3 の領域の損傷によって生じると報告した。それまでの脳の理解は全体論的な理解が優勢で、脳のどこが損傷しても同じような症状を生じ、相違点があるとすればそれは脳損傷の大きさによる重症度だけだ、というような考え方がなされていた。ところが、このブローカの報告をきっかけに、脳には様々な部位があり、それぞれの部位が役割が異なっているのではないかという考えが優勢になり、脳の部位とその役割についての探求が始まったわけである。もちろん、脳の局在病変とそれによる能力の障害は、単純な 1 対 1 の対応に必ずなっているかというとそうではない。ブローカ以降の神経心理学の発展によって、特に複雑な能力についてはその脳基盤は単純な局所ではなく、脳のいくつかの部位が共同してネットワークとして働いていることが分かってきた。また、右利きのヒトのほとんど、左利きのヒトの約 2/3 で言語は左脳で主に処理されていることが分かっており、言語処理を主に担当する側の脳を優位半球と呼ぶ。

　したがって、現在の神経心理学の考え方を要約するとすれば、ロシアの有名な神経心理学者 Alexander R. Luria（ルリヤ 1902-1977）の言葉をかりれば、次のようなことになる。神経心理学とは、脳の局在病変と、その症状である広い意味での認知機能障害（例えば情動認知や社会的認知を含めた）との関連を検討する学問であり、複雑な心理機能については、それらの単位的な単純な認知機能の共同作業として理解する、つまり単純な局在論ではなく神経ネットワークからの理解を目指す学問である。

　実際、より単純な認知機能（や運動機能）ほど脳の中で局在傾向（つまりある特定の脳部位に依存して行われる傾向）にあり、より複雑な認知機能ほど、様々な脳部位の共同作業として行われる（散在傾向）にある。

1）症状とその基盤となる神経心理症状
　実際に神経心理外来（脳損傷外来）をしていると、様々な症状をもった患者が訪れ

る。ここでは、神経心理学の考え方を学ぶために、症状として「外出するとよく迷ってしまう」という症状を取り上げてみる。

外出すると迷ってしまうという症状は、たとえば認知症の患者でもよく認められる症状である。この場合、全般的な認知機能（記憶・思考力などを含め）の低下から、結果として迷ってしまうという行動が生じると理解される。つまり、患者にとっての問題は「迷ってしまう」ということだけでなく、日常の身の回りのことを自力で行うことが全般的に障害されており、その中の1つとして「迷ってしまう」という症状がある、という理解である。

一方で、非常に特殊な理由でこの症状が生じることがある。1つは「街並失認」と呼ばれる症状を基盤とした「道に迷う」という状態である。失認についてはのちに詳しく述べるが、ここでは「目の前にある街並の風景を、記憶にあるはずの過去に見た街並の風景と一致させて認識することができない」という意味にとらえてほしい。実際、この症状がある患者は、何度も訪れているはずの良く見知った場所で、道に迷ってしまう。我々は、どこかへ行こうとするときに、風景や街並みを手掛かりに、どこでどの方向に曲がるのかということを想起する。しかしこの障害を持つ患者の場合、手掛かりとなるはずの「街並」が認知できなくなるわけであり、そのため知っているはずの場所で迷ってしまうという事態が生じる。損傷部位としては、右の側頭葉の底面にある紡錘状回という脳部位が重要であることが分かっている。対策としては、たとえば「2つ目の信号を左に曲がる」、「川原町丸太町の交差点で北に向かう」といったように言葉に直して行動すると、「街並」の認識によらずに移動が可能となる。

もう1つの特殊な理由として、道順障害（heading disorientation）が挙げられる。道順障害とは、広い空間内で自分がどこにいてどの方向に向かっているのかといったことを定位することの障害で、地図をみて、自分の場所や向かう方向を定位することも苦手になってしまう。この障害の場合、街角失認の場合と異なり、風景や街角を手掛かりにしてどこで曲がるべきかということまではわかるが、どちらに曲がるかが分からなくなってしまう。脳部位としては、脳梁膨大後部灰白質

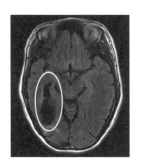
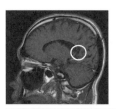
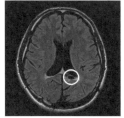

図3−1−1　街並失認（左）と道順障害（右）

と呼ばれる領域がこの能力に重要な働きをしていると考えられ、この部位の脳損傷で道順障害が生じる。対策はなかなか難しいが、現代では便利な道具（地図アプリなど）がいろいろあるため、そういった代償手段を用いるのが良い。

　さて、このようにしてみてくると、同じ症状（異常行動）を呈する場合でも、その基盤となる神経心理症状が異なることがありうることが分かる。さらに、その神経心理症状の基盤となる脳部位も異なり、「行動上に認められる異常」と「その基盤となる神経心理学的な要素的症状」、さらに「その神経基盤となる脳損傷」の３つを確認できれば、その患者の症状について十分理解できた、ということになる（図３－１－１）。

２）神経心理学で用いられる「失〇〇」という用語について

　神経心理学では、ある能力が失われた場合に、「失」＋「その能力」という表記を行うことが多い。例えば言葉を操作する能力が失われた場合は「失語」と表記され、計算能力が失われた場合「失算」とする、といった具合である。このような「失〇〇」という表現は、基本的にはほかの能力の障害から二次的に生じているものではない、という意味合いを含んだ表現として使われる。例えば、「運動性失語」とは、言葉の表出面すなわち発語に問題が生じ、音がゆがんだり別の音に入れ替わってしまったりする特徴があるが、同じような発音の歪みは、麻痺による二次的な症状としても生じうる。細かく言うと、運動性失語の場合はゆがむ音に一貫性がない、麻痺性の場合はゆがむ音に一貫性がある、といった違いがあるが、いずれにせよ麻痺によって二次的に生じた音の歪のことを「運動性失語」とは呼ばない。「失語」とはまさに「言葉を操作する能力そのもの」が「ほかの運動・認知機能の障害から二次的にではなく」生じる場合を指すわけである。ただし、この「失〇〇」の前に説明の言葉をつける場合は、より細かい分類を指す場合と、他の認知機能の影響により二次的に生じていることを示す場合と２通り存在する。例えば先に示した「運動性失語」とは、「失語」のなかで言葉の操作のうち運動面つまり表出面の障害が生じていることを示しているが、「構成失書」の場合は、「文字が書けなくなること」が「構成失行」の二次的な障害として生じていることを示す。構成失行では、複雑な形の模写や自発画が難しくなり、たとえば立方体を模写することができなくなったりする。このような症状がある場合、複雑な形をした漢字、横棒や縦棒が多い漢字などが書けなくなることがある。この症状は、言語（つまり書字）だけに生じるわけではなく、より基本的な能力である構成能力の障害によって生じているため、「構成失書」と記載する。

第Ⅱ章　脳はどのような作りになっているのか

1）脳の構造

　いわゆる中枢神経系と呼ばれるものは、脊髄及び脳を含んだすべてを指し、脊髄の先端に脳がつながっている形となっている。脊髄と大脳との間には、尾側から順に延髄、橋、中脳からなる脳幹と呼ばれる細長い構造があり、その背側に小脳と呼ばれる脳があり、小脳は小脳脚と呼ばれる細長い神経線維の束によって脳幹につながっている。脳幹は様々な神経核（神経細胞の集まった部位）からなり、その間を脊髄から視床という場所へ連絡する感覚神経路（感覚を脳に伝える神経線維の束）、運動中枢から脊髄に運動指令を伝える運動神経路（運動指令を伝える神経線維の束）が通っている。また、上位中枢の覚醒を促すと考えられている脳幹網様体や呼吸中枢などがあり、小さい構造ながら生命維持に非常に大事な役割を果たしている。肉眼的に見ると、大脳は多くのいわゆる「しわ」を伴い、複雑に折りたたまれた形をしている。また、脳から脊髄を経ずに出る特殊な神経は脳神経と呼ばれ、左右 12 対あるが、そのうち第Ⅰ脳神経（嗅神経）、第Ⅱ脳神経（視神経）を除く10対は、脳幹にその神経核が存在する。一応それらの名前を挙げておくと、第Ⅲ脳神経（動眼神経）、第Ⅳ脳神経（滑車神経）、第Ⅴ脳神経（三叉神経）、第Ⅵ脳神経（外転神経）、第Ⅶ脳神経（顔面神経）、第Ⅷ脳神経（内耳神経あるいは聴神経）、第Ⅸ脳神経（舌咽神経）、第Ⅹ脳神経（迷走神経）、第Ⅺ脳神経（副神経）、第Ⅻ脳神経（舌下神経）となる。このうち、第Ⅲ、Ⅳ、Ⅵ神経は眼球運動に関係する脳神経であり、三叉神経は顔面の知覚および咀嚼運動、顔面神経は表情筋の運動や舌前 2/3 の味覚など、舌咽神経は舌後ろ 1/3 の知覚・味覚など、迷走神経は内臓の知覚・運動などに関連する。一方で、小脳は主に運動の微調整に必要な様々な役割を果たしていると考えられている。感覚情報と運動情報の統合を行って運動を調節しているため、小脳の損傷では「測定障害（何かをつかもうとしてつかみ損ねるなど）」「巧緻運動障害（細かい運動の障害）」などの症状が出現する。従来はこのような運動中心の機能と考えられていたが、最近ではもう少し高次の脳機能にも関与しているのではないかと考えられているが、詳細はまだよくわかっていない。

　それでは、大脳はどのような構造になっているだろうか。成人の大脳の重量は、男性では 1300〜1500ｇ程度、女性では 1150〜1350ｇ程度であり、身長や体重と正の相関があることが知られている。つまり、体格の良い、背の高い人のほうが大脳の重量

第Ⅲ部　脳科学からの理解

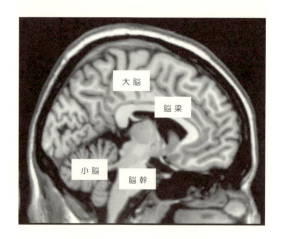

図3-2-1　脳の構造

も大きいということになる。表面には大脳皮質と呼ばれる神経細胞の集まった層状の構造があり、肉眼的に薄い灰色に見えるため神経細胞の集まった部分を灰白質と呼ぶ。皮質以外にも灰白質は存在し、脳の深い部分にある基底核、視床などがそれにあたり、深部灰白質と呼ばれる。それ以外の脳実質の領域は白質（肉眼的に白色に近い色のため）と呼ばれ、これは神経細胞体から出た神経線維の集まった部分であり、他の脳領域や脊髄などに情報を伝達する役割を果たしている（図3-2-1）。また、脳実質・脊髄を取り巻くように脳脊髄液が存在している。大脳は、中心溝、シルヴィウス裂、鳥距溝、頭頂後頭溝を境に、前頭葉、側頭葉、頭頂葉、後頭葉にそれぞれ分けられる。また、左右の大脳半球は大脳鎌と呼ばれる分厚い膜で隔てられ、左右の大脳半球は脳梁、前交連、後交連、と呼ばれる3つの交連繊維（白質）によって情報交換を行っている。前頭前野はさらに肉眼的に、背外側前頭前野、眼窩前頭前野、腹内側前頭前野の3つに分けられることが多い（図3-2-2）。

　脳細胞は基本的にはブドウ糖のみを利用して活動しており、また脳の酸素消費量は安静時においても全身で消費する量の約20％程度と考えられており、血流が低下することに非常に弱い臓器と言える。一方で脳を栄養する動脈は4本だけで、左右の内頸動脈と左右の椎骨動脈である。この4本の動脈は脳底でウィリス動脈輪と呼ばれる輪っか状の構造を形成し、そこから左右の前大脳動脈、中大脳動脈、後大脳動脈が分かれることになる。

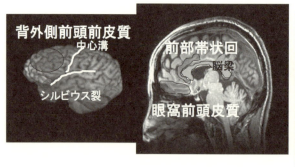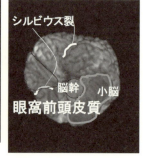

図3-2-2　前頭前野の解剖学的構造

2）脳の発達と機能の発達

　ヒトは、脳が発達したこと、直立歩行をするようになったことなどから、哺乳類の中では、児が未発達な段階で出産を行う。たとえば、草食動物の多くは、生まれてすぐに立ち上がることができ、群れについて駆け出すことができる。一方でヒトの場合は、首が座るまでに3か月、寝返りができるぐらいまでに6か月かかり、ずり這いから這い這いを出生後9か月ぐらいから、つかまり立ちを漸く出生後1年程度で行うことができるようになる。このような単純な運動でさえ、これぐらいの時間をかけてできるようになるわけで、より複雑な運動や認知については、もっと時間をかけて学習していくことになる。また、このような学習の神経基盤である脳そのものも、出生の段階ではとても完成された状態とは言い難く、最後に成熟する前頭前野が完成するのは25歳前後だとされている。つまり出生時には学習の基盤となる脳そのものが未完成であり、年齢を経るに従い脳が成熟し、かつ様々な経験を通して運動や認知能力が発達していくと考えられる。

　複雑な運動についてはどうだろうか。たとえば靴紐を結ぶといった動作は、そもそも一定の年齢にならないとできないことであるが、もう少し簡単な、ポケットに手を入れるといった、すでにできるようになった大人から見ると実に簡単で単純動作に思える動作も、3歳ぐらいまでの子供ではうまく行うことが難しい。一度このような運動ができるようになった後に、脳損傷などでできなくなる場合があり、それを肢節運動失行と呼ぶが、その特徴も、ポケットに手を入れるといった行動が不器用になるというものであり、子供の不器用さと同質と考えてよい。さらに複数の物品を使用するといった複雑な行動は、物品をどのように使用するのかといった知識・経験を要するものであり、さらに年数を要することになる。こうしてみると、できるようになってしまった大人から見ると単純に見えるような動作も、実は複雑で、学習を要することが分かる。

　それでは、感覚・認知面についてはどうだろうか。ヒトの赤ちゃんは、視覚・聴覚・嗅覚・触覚・味覚のうち出生前にもすでに聴覚は発達していることが知られている。聴覚に限らず、感覚からの入力情報を弁別し学習していくためには、外界から繰り返し刺激があることが必要であり、母胎にいる間も届きやすい刺激が聴覚情報であることから、このことは理解しやすい。一方で、視覚情報の処理はもう少しゆっくりと発達する。ヒトの幼児が大人と同じ程度の視力に達するのは4～5歳という報告もあり、特に乳児では視力換算では0.02～0.05程度だとされる。つまり、この時期には、見たものが何かということに関してはなかなか認識が難しいことを示している。一方で、光刺激やコントラスト、動きなどの変化のあるものに関しては敏感で、たとえば光を

ちかちかさせるとそれを追うような動作はかなり早い段階から示す。生後半年ほどたつと、見慣れたヒトの顔に対しては、「見覚え（＝記憶の中の映像）」ができかけ、立体視もある程度できるようになってくる。この時期には、たとえば「いないいないばぁ」遊びに非常に執着し、声をあげて喜ぶ姿がみられる。またこの頃になると、普段世話をしてもらっている大人以外のヒトに対して、いわゆる人見知りが始まる。このことも、普段世話をしてもらっている大人を見分けることができるようになったということを示している。ただし、たとえば母親の見覚えができてきたといっても、それを絵に描けるわけではない。記号のような顔の絵を描くのでさえ、生後3年以上を要するのが普通であり、自分が知っている人、たとえば家族を区別して書けるようになるにはさらに2年ほどかかることが多い。文字の知覚や書字についても同様で、いったん学習してしまった大人の場合は、文字を上下さかさまの状態で読む、あるいは左右反転させて書くといったことはむしろ困難に感じることだが、文字をまだ図形としてしかとらえてない幼児の場合は、むしろこういったことを容易に行う。実際筆者の4歳の息子は器用に鏡文字や上下逆さのひらがなを書いているが、すでにひらがなを完全に習得した上の娘は、そのまねをしようとしても時間がかかっている。さらに、9歳から11歳にかけて、それまでの「具体的操作期（ピアジェ）」と呼ばれる、自分が経験したことや物について具体的な物のイメージを用いて考える時期から、「形式的操作期（ピアジェ）」と呼ばれる、物事を抽象的により論理的に考えることが可能となっていく。例えば時間の観念も、3～4歳ぐらいまでは、過去のことはすべて「きのう」や「この前」といった1つの概念でくくられてしまい区別されないが、5～6歳になると「きのうのきのう」つまり「おとつい」という概念が理解できるようになり、さらに形式的操作期になると現在ではない時点からの前後ということも理解できるようになる。

　前頭前野が25歳ぐらいまでかけて成熟していくことから、前頭前野が行なっている複雑な認知機能、例えば状況の変化に対して臨機応変に対応する、複雑な社会状況場面で状況に応じて自分の欲求を抑制し適切な行動を行う、といった能力はそれぐらいの年齢までかけて成熟していくこととなる。例えば、交通事故の加害者の年齢分布は、20歳前後と65歳以降に二峰性のピークがあることが知られているが、後者が判断能力や運動速度などの低下によると推測されるのに対し、前者すなわち20歳前後の加害者特性としては、注意機能や抑制能力の未成熟さが影響していると推測される。

　いずれにしても、年齢に応じて発達している能力、未発達な能力があり、対象としている症例が特に幼児から学童期、青年期の場合は、年齢ごとに課題を選択していく必要がある。

3）発達性の神経心理症状

　もともとの神経心理学の考え方は、正常に発達した脳を基盤にした正常に発達した能力が、何らかの原因による脳損傷をきっかけに障害される、ということを基盤にしている。例えば、それまで普通に話ができた人が、脳梗塞をきっかけに発語に重要な脳部位（ブローカ領域）の損傷のために発話が難しくなる、といった具合である。ところが、このような正常な能力の発達そのものが生じない、発達性の障害があることが知られるようになっており、それらを「発達性」失読・失書・失計算などと呼ぶ。WHO の作成する疾患分類である International classification of diseases（ICD）の最新版（ICD-11）では、神経発達障害という項目があり、その中に自閉症スペクトラム障害、注意欠陥多動性障害などと並んで、限局性学習症（従来の学習障害）（specific learning disorder）という名前で分類される。特に読み書きの障害については近年研究が盛んだが、ここでは自験例の中から、発達性相貌失認の症例について紹介する。

　＜症例＞
　30代右利き女性。出産時は吸引分娩であったが、特記すべき大きな異常はなかった。こだわりが強い児で3歳ぐらいまでは育てにくい子であったという。1人遊びが好きで、いじめや仲間はずれがあったこともあるが、気にせず元気に遊んでいたらしい。小学校、中学校ぐらいまでは、同年代との会話は苦手で、読書家。大人と話をすることを好んでいた。そのころまでは、跳んだら落ち着くからと、飛び跳ねて歩くことが多かった。また、言われた冗談が分からず、本気になって怒ることもしばしばだったとのこと。高校からは理系に進み、成績は上位で、同年代との交流も増え、部活動も積極的に行っていた。大学卒業後、理系の専門職に就きしばらくうまくやっていたが、詐欺に引っかかったことをきっかけに睡眠がとれなくなり、奇異な言動を生じるようになったため近医精神科を受診し、統合失調症の診断で入院となった。その後実家に帰り療養を行い、いくつかの病院を経て、当院を紹介受診となった。また、この間に自分で情報収集を行い、自分は統合失調症ではなくアスペルガー障害ではないかと疑っていたらしい。当院で自閉症スペクトラム評価のための半構造化観察検査を行ったところ、本人の疑っていた通り、アスペルガー障害の診断となり、幻覚妄想などの精神病症状は、基礎疾患であるアスペルガー障害（自閉症スペクトラム障害の一種）に反応性の幻覚妄想状態が重複したものだったと考えられた。

　数年後にまた同様の反応性幻覚妄想状態を生じ、入院加療を要したが、その際に、「職場の男性の顔の区別がつきにくい」、「母親とおばさんが一緒に写っている写真ではどちらが母親なのか顔だけではわからず服を参考にして見分ける」といった発言があり、発達性の相貌失認（ヒトの顔の視覚性の認知がうまくできない）ではないかと

疑い、精査を行った。結果は下記に示す通りで、この症例では発達性の相貌失認に加え、視覚情報をうまく処理する能力が知能検査、記憶検査でも低下していることが示された。

（神経心理検査）
・ウェクスラー成人知能検査III
全検査 IQ 112　言語性 124　動作性 94
言語理解 126、作動記憶 107　知覚統合 97　処理速度 86
・ウェクスラー記憶検査改訂版
言語性 112　視覚性 89　一般 106　注意集中 113　遅延再生 107
・標準高次視知覚検査改訂版
　有名人の相貌、家族の相貌、知らない人の顔の異同弁別などで大きく失点し、相貌の認知に障害を認めた。

＜注釈＞
　神経発達障害とは、①知的障害、②自閉症スペクトラム障害、③注意欠陥多動性障害、④学習障害、⑤コミュニケーション障害（吃音など）、⑥運動障害（発達性強調運動障害いわゆる不器用さなどを含む概念）の下位項目からなる診断項目である。自閉症スペクトラム障害は、社会的交流や会話の障害が特徴的で、限定された繰り返しの行動や興味といった特徴を併せ持つ。このうち、言語発達が良く（書き言葉の理解などが優れている）、知的にも高い一群をアスペルガー障害と呼ぶ。

第Ⅲ章　脳の損傷の原因

　脳損傷の原因は、脳血管障害、脳外傷、脳腫瘍、脳炎・脳症、変性疾患に主に分けることができる。脳血管障害とは、脳の組織を還流している血管が破綻し、出血または梗塞（血管が閉塞し、その先の脳組織へ血流が流れなくなる状態）を生じたものを指す。多くの場合は高血圧などの基礎疾患があったうえで生じ、中高年以降に生じることが多いが、動静脈奇形（動脈が毛細血管を介さずに静脈に直接流れ込む奇形）やもやもや病（脳血管のうち、中大脳動脈や前大脳動脈といった太い動脈が閉塞する疾患）などの基礎疾患がある場合、若年者でも生じることがある。

　外傷性脳損傷は、若年者と高齢者の二峰性の発症であり、若年者ではバイク事故などが、高齢者では転倒による外傷などが多い。戦争の際に爆弾の爆風などで生じるものも外傷性脳損傷に含まれ、特にアメリカなどでは社会的問題となっている。局所脳損傷と呼ばれる損傷部位が非常にはっきりしたものと、びまん性軸索損傷と呼ばれる脳の深部に小さな傷が多数できるものに大きく分けられるが、実際には両者が併発している場合も多い（図3-3-1）。

　脳腫瘍は良性から悪性までさまざまであるが、他の臓器の腫瘍と比較して、若年者にもできやすいという特徴がある。悪性度の高いものや、良性でも急速に大きくなるもの（例えば髄膜腫の一部など）では切除や放射線療法、あるいは抗がん剤治療が必要となり、脳腫瘍そのものによる原因だけでなく、治療によって生じる脳損傷が重複することとなる。特に放射線治療による後遺症である放射線脳症は、治療後数年、長

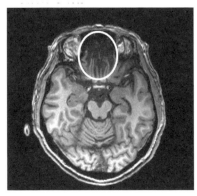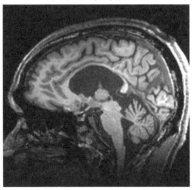

図3-3-1　外傷性脳損傷の2型　（左）局所脳損傷（右）びまん性軸索損傷
左の図では丸の中の黒い部分が粗大な脳損傷

いものでは 10 年以上たって顕在化することがあり、注意が必要である。

　脳炎・脳症は、特に発症年齢が一定の傾向にあるわけでもないが、若年者にも起こりうる病態である。特に卵巣嚢腫に伴う自己免疫性脳炎は若年女性に生じやすいし、インフルエンザ脳症は子供に生じやすい。脳炎は側頭葉内側面に生じることが多く、この部位には海馬・扁桃体などの記憶に重要な脳領域が存在するため、健忘症候群を後遺症として生じやすい。

　変性疾患とはいわゆる認知症のことであり、代表的な疾患としてアルツハイマー病が挙げられる。神経細胞が徐々に減少し、脳萎縮が進行していくことが特徴であり、現在ではアルツハイマー病以外にもレビー小体型認知症や前頭側頭型認知症などいくつかの疾患が知られている。家族性の特殊なもの以外は、基本的には中高年以降に発症する。

　脳損傷が生じた年齢は非常に重要である。第Ⅱ章で述べたように、ヒトの脳および能力は 25 歳ぐらいまでは少なくとも成熟していく。したがって、それまでの間に脳損傷を生じた場合、本来獲得できたはずの能力が獲得できない、ということが生じうる。また、小児期、若年期に脳損傷を生じた場合、学習面での問題などが生じやすく、復学支援、あるいはその後の就職支援など、様々な支援を要することが多い。

第Ⅳ章　古典的な神経心理学症状

1）失語

　第Ⅰ章で述べたように、そもそも脳損傷に伴う神経心理症状の学問は、失語症から始まったといってもよい。失語症とは、言葉を操作する様々な能力の障害を指す。言葉は「話す」「聞く」「読む」「書く」の少なくとも4つの要素を持ち、それぞれが別々に障害されうる（図3-4-1）。

(1) 運動性失語

　言葉の能力のうち、運動面すなわち発話に障害が生じたものを指す。ブローカが報告した左下前頭回後方領域ではなく、最近では中心前回の腹側領域が正しい語音の発話に重要であることが分かっている。運動性失語が単独で生じる場合、自分の発話を聴覚的に理解することは可能であるため、自分の発した音が歪んでいることには自覚的であり、繰り返し発話することによって正しい音に近づけようとする努力（努力性発話）が認められる。発話速度は低下し、非流暢となることも特徴で、また脳損傷の範囲にもよるが、失文法（「てにをは」の誤りや脱落）を伴うことも多い。

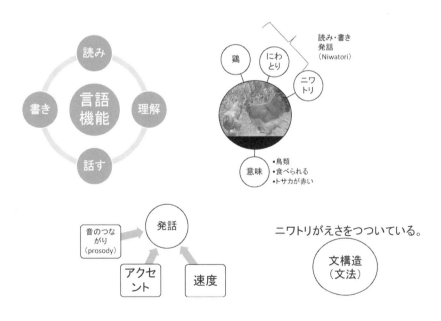

図3-4-1　言語能力の構成要素

(2) 感覚性失語

　言葉の能力のうち、特に聴覚理解の障害が生じるものを指す。最初に Carl Wernicke（ウェルニッケ 1848-1905）により報告された症状であり、ウェルニッケ失語と呼ぶこともある。左上側頭回の後部領域にあるウェルニッケ野が責任部位とされる。感覚性失語が単独で生じた場合、発話には全く問題はなく、患者の発話は流暢で音の歪みも存在しない。一方で聴覚理解の障害のため、重症の感覚性失語患者では、相手の話す内容にかみ合わない一方的な発話を行い、時にジャルゴンといわれる新造語がまじるなど、会話の相手がその内容を理解することは困難なことも多い。

(3) 伝導失語

　言葉の聴覚理解と発話がそれぞれ別の神経基盤を持ち、別々に障害されうることは上に示したとおりである。ヒトが他のヒトと会話を行う場合、まず相手の話をウェルニッケ野に基盤がある能力で理解したのち、それにどのように反応するかを考え、ブローカ野に基盤がある発話能力で発話する、ということになる。それでは、聞いたままを答える、つまり復唱する場合はどういう能力が必要だろうか。その場合、聴理解で得た情報をそのまま（一字一句）保持し、それをそのまま発話するという作業が必要になる。つまり、ウェルニッケ野に到達した聴覚情報がダイレクトにブローカ野へと伝達される必要がある。伝達するだけでなく、得た聴覚情報をそのまま保持する必要があることから、保持にかかわる領域も重要な働きを示す。前者は弓状束ではないかと考えられ、後者は縁上回という脳回ではないかと考えられているが、いずれにせよ、これらの領域の脳損傷が生じると、言われたことをそのまま繰り返すという復唱に障害を生じることになる。このようなタイプの失語を伝導失語と呼ぶ。純粋な伝導失語では、復唱のみが強く障害される。もちろん、運動性失語、感覚性失語でも復唱は障害される（なぜなら復唱の入り口あるいは出口の障害であるため）。

(4) その他の失語型

　ウェルニッケと Ludwig Lichtheim（リヒトハイム 1845-1928）は、聴覚理解・発話運動に直接関連する脳領域以外に、語の概念の中枢を想定し、この中枢とウェルニッケ野、あるいはブローカ野との連絡が悪くなることで、復唱はできるという特徴がある運動性失語、感覚性失語が生じると考えた。このようなタイプの失語を超皮質性運動失語、あるいは超皮質性感覚失語と呼ぶ。たとえば前頭葉の内側面の損傷では、超皮質性運動失語が生じることが知られている（図3-4-2）。

　また、失名辞失語（健忘性失語）とは主に名詞の想起の障害による失語症を指し、

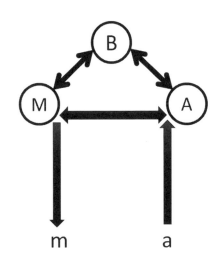

Aは語音の聴覚心象中枢
Mは発語運動中枢
Bは語の概念中枢
aから入った聴覚情報はAで音の照合を受け、Bの概念中枢で概念と照合し理解される。
発話はBで行われた何を発話するかの情報がMで運動に変換され出力される。

図3－4－2
ウェルニッケ・リヒトハイムの言語図式

様々な失語型に重複して生じることが知られているが、単独で出現する場合には、角回や左側頭葉底面の領域が重要ではないかと考えられている。このうち、左側頭底面の障害では、名詞の語義そのものが失われていくことが知られており、語義失語と呼ぶ（認知症の分類としては意味性認知症と呼ばれる）。

2）失認

　失認とは、感覚器（眼や耳など）には障害がないにも関わらず、その感覚器を通して知覚した情報を認知できなくなる状態を指す。このような病態は、感覚器それぞれに独立して生じることが知られており、たとえば視覚失認では眼から入ってきた情報を認知できず、目の前にイヌがいてそれを見てもイヌだとわからないが、ひとたびイヌが「ワン」と鳴くとイヌであることに気付く。このように、失認が生じている感覚では認知できないことも他の感覚を通じて情報が入れば認知できることが特徴である。ここでは特に、視覚情報について生じる失認について詳しく述べておく。

(1) 統覚型視覚失認

　統覚型視覚失認とは、見た対象について、その一部についての理解は可能だが、全体としての把握ができないものを指す。全体としての知覚対象が十分に知覚されないため、連合型視覚失認と異なり、患者は見たものを模写することもできない。結果として、見たものが何かわからないということとなる。

(2) 連合型視覚失認

　連合型視覚失認とは統覚型と異なり、見たものの全体像の把握は可能である。したがって、それがどんなものか模写することも可能で、実際患者は見たものを正確に描

第Ⅲ部　脳科学からの理解

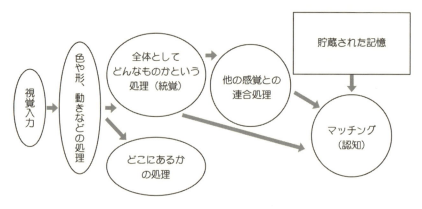

図３－４－３　視覚情報処理の流れ

画することが可能である。しかしながら、この次の段階すなわち記憶の中にあるイメージとの照合ができないため、何であるかの理解（再認）ができない。視覚情報の流れを図３－４－３に示す。第Ⅰ章１）で取り上げた街並失認や第Ⅱ章３）で取り上げた相貌失認は、視覚失認の１つのサブタイプで、それぞれ街並の視覚失認、相貌の視覚失認である。

＜症例＞

発症時 40 代　右利き女性。

頭痛をきっかけに病院を受診し、右の側頭葉内側面から後頭葉にかけて広がる巨大な髄膜腫を指摘された。髄膜腫は良性脳腫瘍だが、大きくなると脳を圧迫して機能障害や水頭症を生じるため、切除を行った。

神経画像所見：MRI（図３－４－４）では右側頭葉の内側面から後頭葉に広がる脳損傷を生じている。

神経学的所見：視放線（一次視覚野につながる神経線維）の損傷に伴う左同名半盲（右目でも左目でも左視野が半分かけてしまう状態）。

神経心理学的所見：左半側空間無視（見えるのにもかかわらず不注意のため左側のものを見落としやすい傾向）、連合型視覚失認（この方の場合、相貌失認も街並失認も両方存在）。

解説：この患者が筆者の外来を訪れるようになりすでに５年以上がたつが、いまだに筆者の顔の認知が難しく、エレベータでたまたま乗り合わせ

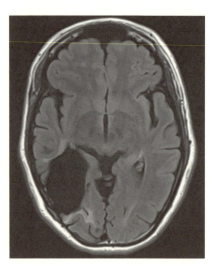

図３－４－４　症例の MRI 画像
（図では右側が左脳）

98

たりすると、声をかけるまで気が付かない。また、病院の敷地が広いため、複数の診療科を受診するために敷地の中を移動する必要があるが、いまだに迷ってしまうことがある。幸い事務職としての勤務を継続できているが、通勤途中で見る男性のサラリーマンは、同じような背広を着ているため見分けがつきにくく、時に同じ人物に自分が尾行されているような不安を感じるが、「これは視覚失認のせいで生じることだ」と自分に言い聞かせているらしい。

(3) 同時失認

同時にいくつかの視覚刺激を提示した場合に、その一部しか認識できない状態を同時失認と呼ぶ。背側型すなわち両側の頭頂葉の障害で生じるタイプの同時失認は、一つのものを固視するとほかのものに気づきにくくなるということが原因で生じる。例えば、登場人物が何人もいるような絵を見せ、説明を求めると、一人の登場人物の説明のみ行い、ほかの登場人物については気がつかない、といった症状である。これは、視覚性の注意の障害が原因として生じていると考えられている。一方で、両側（特に右側）の側頭葉下面から後頭葉にかけての障害で生じるとされているのが腹側型同時失認である。このタイプの同時失認では、複数のものを知覚できるものの全体として何かが分からない、という症状を生じる。例えば図3－4－5は、「あ」で「う」を書いたものであり、部分を読むと「あ」と読めるが全体としては「う」と読める。このような場合に患者では「あ」しかわからない、ということが生じる。読字の際のなぞり読みなどが特徴的で、1文字ずつ読むため、読むのに時間がかかることが多い。

3）失行

失行とは、失認の対になる概念で、失認が入力側の問題とすれば、失行は出力すなわち行為に生じる障害である。麻痺がないにもかかわらず、特定の動きができないあるいはぎこちなくなる、道具の認知は正しく使い方も知っているのに、正しく使うことができない、といった場合これを失行と呼ぶ。もともと失行という概念はHugo Karl Liepmann（リープマン 1863-1925）が提出した概念で、失認や理解能力の障害などがないにも関わらず、動作としての表出のみが障害される症状をこのように述べた。リープマンがこのような概念を提出してす

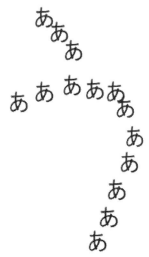

図3－4－5
「あ」で書かれた「う」

```
┌─────────────────────────────────────────────┐
│     運動表象（へのアクセス）の障害            │
│   《古典的（Liepmann の）失行の中心概念》      │
└─────────────────────────────────────────────┘
┌──────────────┐  ┌──────────────────┐  ┌──────────────────┐
│ 単純型         │  │ 観念運動失行      │  │ 観念失行          │
│ 肢節運動       │  │ →行為の目的表象と  │  │ →行為の企図すなわち  │
│ 失行          │  │  身体肢節運動表象  │  │  行為の手順そのもの  │
│ →個々の一肢節の │  │  との間の離断（パン│  │  の障害（連続動作の  │
│  運動表象の障害 │  │  トマイムなど）    │  │  障害）           │
│              │  │  左頭頂葉下部の障害 │  │                  │
└──────────────┘  └──────────────────┘  └──────────────────┘
```

図3－4－6　リープマンが考えた失行

でに100年以上が経つが、失行という現象がどこまで純粋な運動表出の障害なのかについては、いまだに議論がある。ここでは、リープマンの原案にしたがって失行の分類を述べ、そののち、いくつかの「失行」と名の付く症状についても簡単に解説を行う。

(1) リープマンによる失行の分類

　リープマンは、優位半球の頭頂葉が高次の運動行為の計画にとって重要であると考え、ここで立てられた運動計画が一次運動野や補足運動野などに伝達されることにより、行為が生じると考えた（図3－4－6）。特に、意図的な行為の際に出現しやすく、逆に言うと意図的ではない行為、自動的な行為の場合は出現しにくい。例えば、口腔顔面失行と呼ばれる口や顔の失行では、「あっかんべー」をしてくださいと言われてもうまくできないが、食事をさせると普通に口を動かし咀嚼し飲み込む。このような意図的な行為と非意図的（自動的）な行為の乖離は、失行の枠組みだけでなく、発話などでも認められる。つまり、考えて発現するときはうまく言葉が出てこないが、半ば自動的に「しまった！」というような発話はスムーズにいくといった具合である。

　単純型の肢節運動失行とは、個々の1肢節の運動表象が障害されて生じると考えられ、現象としては、たとえば手の使い方が不器用になるといったものである。第Ⅱ章で述べたように、「手を器用に使う」ことは学習してできるようになると考えられ、それができなくなった状態と考えると理解しやすい。観念運動失行とは、行為の目的表象と身体の運動表象との間が離断されて生じると考えられ、パントマイムなどの道具を使わない行為が難しくなる。観念性失行とは、実際に道具を使用する際にも生じる失行であり、特に複数の物品を連続して使用する際に認められることを重視する立場もある。

(2) その他の「失行」と名の付く症状
  ① 構成失行
    構成失行とは、頭頂葉（特に右）の障害によって生じる症状で、その名の通り構成力を必要とするような立体的な図形の描画や模写が難しくなる症状である（図3－4－7）。
  ② 着衣失行
    着衣失行とはその名の通り着衣がうまくできないという症状である。これは失行と名がついているが、必ずしも運動面のみの問題ではなく、たとえば着ようとする服の表裏の認識、袖にあう側の手を通す、などといった複数の過程のいずれかが障害されることによって生じると考えられている。

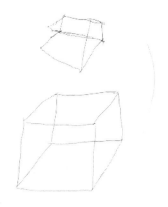

図3－4－7　立方体模写の一例（下が見本）

4）半側空間無視

無視という現象は非常に驚くべき現象である。目には映っているはずなのに、患者は刺激に全く反応しない、といったことが生じる。この現象には注意機能が強く関連しているため、注意能力がどのようなものかについて、ここで少し解説をしておく。例えば読者諸氏は音楽を聴きながら勉強をした経験を少しはもっているだろう。その際に、鳴っていたはずの音楽が、気が付いたら終わっていたという経験をしたことがあるだろう。この時、自分が気付いていない間、音楽はどのような状態で鳴っていたのだろうか。答えは当たり前であるが、それまでと同じ音量で鳴っていたのである。それではどうして同じ音量で鳴っている音楽に気が付いたり気付かなかったりするのだろうか。それが注意能力の影響である。目の前のこと例えば勉強に集中すると、音楽への注意は抑制される。結果として音楽への注意は全くなくなり、注意を向けられなくなった音楽は意識に登らなくなる。すなわち、ヒトは注意を向けている刺激のみを意識するようにできているわけである。注意能力全般についての解説はのちにまた行うが、目の前の空間への注意のうち、右半分あるいは左半分への注意が低下した結果として、右半分あるいは左半分にある対象を無視してしまうという現象を半側空間無視と呼ぶ。ヒトの空間注意能力は右脳が主に果たしていると考えられており、特に右半球の損傷によって左半側空間無視（向かって左側にあるものを無視する傾向）が生じやすい（図3－4－8）。

第Ⅲ部　脳科学からの理解

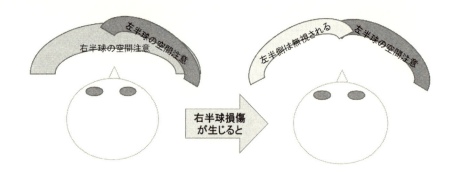

右半球損傷に伴い、左半球の右側への注意のみが残るため、結果として左側が無視される。

図3－4－8　注意障害の非対称性仮説

5）古典的症候群

ここまでは、それぞれの症状自体について詳しく説明してきたが、損傷部位や症状の出現する機序に基づいた症候群（症状の集まり）について、ここではいくつか紹介する。

(1) ゲルストマン症候群

Josef Gerstmann（ゲルストマン　1887-1969）が提唱した症候群で、優位半球の頭頂葉特に角回・縁上回からなる下頭頂小葉の損傷によって生じるいくつかの症状をまとめたもの。ゲルストマン症候群は主に次の4つの症状からなるものを指す。①失書：書字の障害、②失算：計算の障害で暗算かつ繰り上がりや繰り下がりのある場合に生じやすい、③手指失認：指定された指が何指かを答えられない、④左右失認：左右がぱっとわからない。左の下頭頂小葉の損傷で必ずしも4つの症状がそろうとは限らず、3つ以下の症状のみの場合部分型ゲルストマン症候群と呼ぶ。

＜症例＞

発症時40代　右利き男性。

友人としゃべっている際に意識消失し、救急搬送された。精査にて動静脈奇形からの脳内出血と判明。動静脈奇形の摘出術を受けた。術後も失書や構成障害、左右失認などが残存するため、筆者の外来を紹介受診となった。

診察室における自発書字では大きな問題を認めなかったが、日常生活の中では語の想起が難しい、違う文字を書いてしまう（錯書）などがあり、また左右については病院にタクシーで来られる際に、「そこを左に曲がってください」といった指示をとっさに言えず、困ってしまう場面があった。MRIでは、左頭頂葉に出血後の変化を認めている（図3－4－9）。

(2) バリント症候群

Rezső Bálint(バリント 1874-1929)が提唱した症候群で、両側の頭頂葉から後頭葉の移行部の機能障害によって生じると考えられる。次の3つの症状を合わせてバリント症候群と呼ぶ。①精神性注視麻痺：視線が1つの対象に固定され、そこから自発的に動かしにくくなる。②視覚性運動失調：固視した対象に手を伸ばしてつかもうとしてもずれてしまいうまくつかめない。③視空間注意障害（同時失認）：注視した対象以外のものに気が付きにくい。

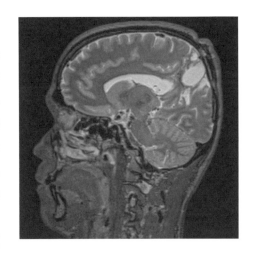

図3－4－9　症例の MRI 画像（T2強調（矢状断）

後頭葉萎縮症、皮質基底核変性症などの変性疾患、あるいは低酸素脳症（蘇生後脳症など）などで生じやすいとされている。

(3) クリューバ・ビュシー症候群

1937年から数年間の間に H. Klüver（クリューバ）と P. C. Bucy（ビュシー）が、マカク猿の両側の側頭葉切除に際して現われた症状を報告した。彼らの報告では、主な症状は次のとおりである。①精神盲：生物、無生物、有害物、無害物を問わず、ためらうことなく接近する行動、②口唇傾向：接近した対象物を口にもって行き、口中に入れたり、鼻先でにおいをかいだりする傾向、③注意の転導性の亢進：目にうつるもの全てに反応し、注意がそれやすい、④情動の変化：情動が静穏化する、危険物をさけなくなる、⑤性行動変化：性衝動が亢進し、同性での性行為などそれまで認めなかった性行動パターンを生じる。

側頭葉には、情動の認知に非常に重要な働きをしている扁桃体という神経核が存在するが、この部位を両側性に破壊すると、ヒトでも恐怖情動などのネガティブな情動の認知ができなくなり、本来であれば警戒心を持って接するような相手に対しても、非常に親しげに接するようになることが知られている。

(4) シャルル・ボネ症候群

Charles Bonnet（ボネ 1720-1793）はフランスの博物学者で、ほとんど目の見えなくなった自分の祖父が体験した幻覚症状について記載した。このような、感覚器の障害に伴い幻覚が生じる現象全般を、現在ではシャルル・ボネ症候群と呼ぶことがある。

例えば、白内障や網膜の病変に伴って視力が失われた際に生じる幻視、内耳の障害などに伴って聴力が失われた場合に生じる幻聴などである。このような幻覚は、外界からの刺激の入力が途絶えたことによって、その感覚情報を処理する脳部位が自律的な活動を行うことによって生じるいわば解放現象（外界刺激から脳が解放されて生じるという意味合い）と考えられている。実際、例えば白内障によって生じた幻視が、白内障の手術を行うことで視力を取り戻したのち消失するといった症例も報告されている。

(5) 環境の被影響性の亢進

英語では environmental dependency syndrome や environmentalism などと表記され、その名の通り、外界刺激によって行動が誘発されやすい状態を指す。一般に、道具などはヒトに対してどのように使うべきかのサインを出している。これをアフォーダンスと呼ぶことがある。例えば、コップの取っ手は使う人に対してそこを持つように指示してくるし、スイッチボタンはそこを押すように指示してくる、といった現象である。もちろん、成熟した大人がやたらと意味なくスイッチボタンを押すということはないが、小さな子供の行動を観察していると、彼ら・彼女らは意味もなくスイッチボタンを押したがることがわかる。このような道具の誘惑に対して、前頭葉の抑制能力が十分に発達していれば、状況に合わせて反応しない（この例ではスイッチボタンを押さない）という選択肢を取ることが可能になるが、前頭葉の機能が十分に発達していない幼児や、逆に前頭葉が萎縮して機能障害を生じているような場合（例えば前頭側頭型認知症など）では状況に合わせた抑制ができず、ついつい反応してしまうということが生じる。

(6) 離断症候群

離断症候群とは、ある脳領域から別の脳領域への情報伝達が遮断された結果として生じる症状群のことを指す。情報伝達は基本的には白質線維（神経線維）によって行われ、離れた場所にある脳領域を連絡する白質線維としては、同側すなわち右半球であれば右半球内の脳領域同士を連絡する連合線維と、左右の脳半球を連絡する交連線維とに分けることができる。ここでは、左右半球を連絡する交連線維の代表的なものである脳梁の離断症状として生じるいくつかの症状について記載する。

① 脳梁離断によって左側に生じる症状

ヒトの感覚情報は、嗅覚と聴覚以外のものは対側の脳へと伝達される。例えば右手で握った対象物の触覚情報は左の脳に伝達されるし、視覚情報の場合は右の視野に入

った視覚情報は左の脳に伝達される。脳梁離断がある場合、左半身や左視野からの感覚情報は右脳に伝達されるが、言語情報処理を行う左脳にはその情報を伝達することができなくなる。したがって、左手に握ったものが何なのか、あるいは左視野に入ったものが何なのかを言語的に言い当てる（つまり対象物の名前を言う）ことができなくなる。特に左の後大脳動脈領域の脳梗塞により左脳の視覚野と脳梁が共に障害されると、言語情報処理を行う左の脳には視覚情報が到達せず（右同名半盲のため）、右視野から左の視覚野に到達した視覚情報は脳梁損傷のため左の脳に到達しないため、純粋失読という症状が生じる。この病態の患者では、自分で文字を書くことはもちろん可能だが、自分の書いた文字ですら読めないという現象が生じる。また、高次の行為中枢も失行の項（第Ⅳ章3）)で記載したとおり優位半球の頭頂葉に存在すると考えられている。したがって、脳梁離断が生じた場合、左手のみに観念性失行や観念運動失行が生じる。

　② 拮抗失行あるいは他人の手兆候

　拮抗失行とは右手の意図的な動作に対して、左手が不随意に反対目的の動作を行う現象として Akelaitis が報告した現象である。現在では、必ずしも反対の動作だけでなく、右手の動作に随伴して生じる左手の非意図的な動作全般をこのように呼ぶ立場もある。脳梁の損傷により左の脳で生じた言語化された顕在的な意図が左手を支配する右の脳に伝わらず、結果として非意図的な行動が生じるのではないかと考えられている。

第Ⅴ章　その他の神経心理学的症状と高次脳機能障害

　前章までは、主に脳血管障害の患者が示す症状についての学問として発達してきた神経心理学という学問のなかで論じられてきた諸症状を中心に解説を行ってきた。しかしながら、第Ⅲ章で述べたとおり、脳の損傷の原因は脳血管障害だけではなく、外傷性脳損傷や脳炎などさまざまである。本章では、より様々な脳損傷について、その損傷部位と生じる症状を紹介していく。また、脳損傷後に麻痺を生じていない症例については、従来医療や福祉の枠組みにうまく乗らず、脳損傷後の後遺症があるにもかかわらず医療にもかからず福祉サービスも受けていないという症例が多く認められていた。日本ではそのような事態を鑑み、行政的に「高次脳機能障害」という用語が策定され、脳損傷後に様々な症状で困難を有する症例に支援が届きやすい体制を気付く努力が近年なされている。「高次脳機能障害」という用語は行政用語であり医学用語ではないが、その定義にはいくつかの認知機能障害が含まれるため、本節で紹介していく。ただし、社会的行動障害については、その内容が多岐にわたるため、改めて第Ⅵ章の中で詳しく説明する。

1）高次脳機能障害
　平成13年度から開始された高次脳機能障害の支援モデル事業において集められたデータの解析の結果、脳損傷の結果として生じる単純な麻痺や知覚の障害以外に、記憶の障害、注意の障害、遂行機能の障害、社会的行動の障害の4つの要因が、主に患者の生活上の困難に結びついているということが分かった。少し長くなるが、下に「高次脳機能障害」の診断基準を示す。
　ここで重要なのは、第一に脳損傷があるという事実である。脳損傷は獲得性のものであって、生まれつきのものではない。さらに、この用語が行政用語であることを背景に、除外項目が設定されている。すなわち、すでに療育手帳や児童相談所といった支援システムが存在する先天性疾患、周産期における脳損傷、発達障害を除外し、介護保険サービスなどの支援システムが存在するいわゆる認知症（診断基準では進行性疾患と記載）についても除外する、という項目である。逆に言うと、小児期と老年期に挟まれた、学童期、青年期、壮年期に生じた脳損傷による後遺症については、それ

まで十分な支援体制がなかったということになる。この時期の脳損傷は、脳損傷後に復学、就職、復職といった様々な試練が待ち構えており、十分な支援なしでその後の生活を組み立てていくことは難しい。実際、筆者の外来には数十年前の交通外傷による脳損傷を受傷後、たびたび就職しては能力不足のため解雇されるという経験をし、かつその理由がわからないまま人生を過ごしてきた、という患者さんが時折訪れる。このような二次的に生じる不幸を生まないために、「高次脳機能障害」という行政用語が策定され、現在では各都道府県に1つ以上、さらにいくつかの政令指定都市でも高次脳機能障害の支援センターが開設されている。次項からは、この診断基準に含まれる4つの認知機能障害を中心に、その詳細をみていく。

(1) 主要症状等
① 脳の器質的病変の原因となる事故による受傷や疾病の発症の事実が確認されている。
② 現在、日常生活または社会生活に制約があり、その主たる原因が記憶障害、注意障害、遂行機能障害、社会的行動障害などの認知障害である。

(2) 検査所見
　MRI、CT、脳波などにより認知障害の原因と考えられる脳の器質的病変の存在が確認されているか、あるいは診断書により脳の器質的病変が存在したと確認できる。

(3) 除外項目
① 脳の器質的病変に基づく認知障害のうち、身体障害として認定可能である症状を有するが上記主要症状（(1)-②）を欠く者は除外する。
② 診断にあたり、受傷または発症以前から有する症状と検査所見は除外する。
③ 先天性疾患、周産期における脳損傷、発達障害、進行性疾患を原因とする者は除外する。

(4) 診断
① (1)(2)(3) すべて満たした場合に高次脳機能障害と診断する。
② 高次脳機能障害の診断は脳の器質的病変の原因となった外傷や疾病の急性期症状を脱した後において行う。
③ 神経心理学的検査の所見を参考にすることができる。

2）注意障害

　注意能力は複合的な能力だと考えられている。そもそも、注意能力を完全に発揮するためには、十分に覚醒していることが必要である。十分に覚醒しているかどうか、言い換えれば意識障害がないかどうかを見分けることは、一般的には簡単で見ればわかるのではないかと考えられがちだが、実際にはそうではない。読者諸氏の中には、自分あるいは友人がお酒を飲んで記憶がなくなった経験をお持ちの方がいるだろう。これはアルコールによる軽微な意識障害と考えられるが、このような時お酒を飲んでいる最中に意識障害が明らかにわかるかというとそうではない。同じ会話内容を繰り返すような保続傾向などが現れるとはいえ、ある程度普通の会話が可能であり、電車に乗って家に帰り場合によってはパジャマにちゃんと着替えてから寝るといったことが可能である。このように、軽微な意識障害の場合は、普段行っている習慣的な行動は問題なく実行可能であり、唯一意識障害を示唆するものは後付けで確認される記憶の障害である。ここではまず、このような軽微な意識障害の症例を紹介し、その後に注意能力の詳細について述べていく。

　＜軽微な意識障害の症例＞
　受傷時 80 代　右利き男性。歩行中にバイクにひかれ転倒。倒れているところを発見され救急搬送された。救急車の中で名前を答えることができ、搬送先の病院でも名前と住所を答えることができたらしいが、本人はそのことを覚えていない。紹介状では、入院中怒りっぽく、しきりに早く退院させろと主治医に訴えたとのことで、予定より早めに退院になったという趣旨が書かれていた。ところが本人の記憶がしっかりしだしたのは、退院後 1 週間ほど経ってからで、そのころようやく胸の痛みに気が付き、レントゲン検査で肋骨骨折が判明した。つまりこの症例では、入院した時点どころか退院した時点でも軽い意識障害が持続しており、入院中は意識障害のため痛みにも鈍感になっており、肋骨骨折にも気が付かない程度であった、ということになる。来院されたご本人に、紹介状の内容をご説明すると、「いやぁ、わたし、そんなわがまま言うてたんですか、お恥ずかしい。」と恐縮しきりであった。このような軽微な意識障害があると、知能や記憶の検査などを行っても、いわば酔っ払いに検査をするようなもので、正確に評価することは難しい。高次脳機能障害の診断基準において、「急性期症状を脱したのちに評価を行う」とされているのは、このような軽微な意識障害が回復したのちに評価を行うという意味合いである。図3－5－1にこの症例の脳画像を示す。

第V章　その他の神経心理学的症状と高次脳機能障害

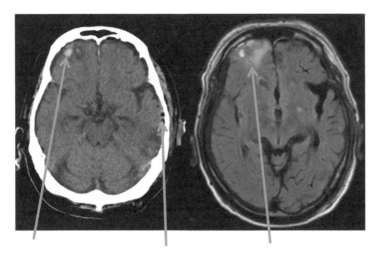

急性期に認められた外傷性脳内出血　　頭蓋骨骨折に伴い、頭蓋骨内に空気が認められる。　　MRIではCTより広い範囲に脳挫傷を認める

図3－5－1　症例のCT（左）とMRI（右）画像（図では右側が左脳）

　それでは、十分な覚醒状態において、注意はどのような働きをするだろうか。注意は大きく分けて全般性注意と視空間注意機能に分けられ、後者の能力が障害されると第IV章4）で紹介した半側空間無視や、第IV章5）(2)で紹介したバリント症候群などが生じる。全般性注意能力はさらにいくつかに分類される。すなわち①持続性：いわゆる集中力であり1つの対象に注意を長時間持続して集中する能力、②選択性：競合する刺激に対して不必要な注意を抑制しながらしかるべき対象に注意を集中する、③転換性：複数の刺激に対して順番に注意を向ける、④配分性：複数の対象に同時にかつ適切に注意を分配する能力、の4つのコンポーネントである。①から④の順でより複雑な能力であるとされ、1つの刺激しかない状況では集中できる患者でも、注意をそらすような刺激があると集中の持続が困難になるし、複数の課題を同時に行うとなるとなかなか難しい、といった事態が生じる。ほかの症状としては、忘れ物をする、落し物をする、失くし物をするなどが目立つようになり、視空間注意障害も合併している場合には探し物に非常に時間がかかるようになる。
　対策としては、とにかく注意能力に余計な負担をかけないように配慮することが必要である。たとえば、余計な刺激が入らないよう集中できる環境を整える、何か作業をしている間は話しかけないなどの配慮を行う、物事を並列に行わず直列で1つずつこなす計画を立てる習慣をつける、などである。注意能力以外の能力障害でも同様であるが、脳損傷に伴って生じた能力の障害を訓練で元に戻すということは困難なこと

109

が多い。従って対策としては、低下した能力にいかに負荷をかけないような枠組み、やり方を身につけるかといった工夫が重要となる。

3）記憶障害

　記憶は大きく2つの作用からなる。1つは新しい情報を保持し記銘する作用である。もう1つは記銘して貯蔵した記憶を取り出す能力である。アルツハイマー型認知症など記憶の障害を特徴とする疾患の多くでは、新しい情報を記銘する能力の低下が認められる。一方で、貯蔵した記憶を取り出す能力については少なくとも病気の早期には保持されており、特に遠い過去の記憶は特に保持されやすい。したがって、今日の日付がわからない人でも、自らの誕生日について答えられなくなるということは非常にまれである。

　記憶はその内容や形式から、いくつかに分類され、関連する脳部位も異なることがわかっている。以下に記憶の分類とその解説を行う。

(1) 短期記憶（即時記憶・ワーキングメモリを含む）

　Richard Atkinson と Richard Shiffrin は1968年に、記憶をその持続時間によって短期記憶と長期記憶に分けることを提案した。その後研究が進み、短期記憶の能力には海馬など従来記憶に重要と考えられていた脳領域が関与しないことなどがわかり、短期記憶と長期記憶の神経基盤はずいぶんと異なることが分かってきている。記憶という名前はついているが、機能的には注意機能に分類される能力である。脳の中にはメモ帳のような仕組みが存在すると考えられており、たとえば数字をいくつか言われてそれを復唱するような場合（順唱）にこの仕組みを利用していると考えられている。言語性のメモ帳には優位半球の前頭葉背外側面と頭頂葉が、非言語性のメモ帳には劣位半球の同じ部位が重要な働きをしていると考えられており、それぞれ音韻ループ、視空間スケッチパッドと呼ばれることがある。標準的には、7つ程度の「情報のまとまり（チャンク）」を一度にメモする能力があるとされ、たとえば雑誌でレストランの電話番号を調べて覚えて電話をかける、といった場合にこの機能が使用されている。注意の対象が別のものに移ると、メモ帳にある情報は消去される。先ほどの例では、レストランへの電話を終え何か次のことをし始めるとレストランの電話番号の情報は消去され、何らかの理由でもう一度電話を掛けたい時などはもう一度調べなおす必要がある（もちろん携帯電話の場合は電話が記憶しているわけだが）。ワーキングメモリ（作動記憶）という場合には、もともとの定義では即時記憶のようなそのままの再生ではなく、たとえば言われた数字を逆向きに答えるような何らかの操作をする場合を

指す。

　短期記憶が長期記憶に移行する仕組みはあまり詳しくは分かっていないが、繰り返し効果で長期記憶に移行するのだろうと考えられている。

　＜症例＞

　受診時16歳　右利き男性。9歳時、起床時に頭痛・吐き気を生じ、近医で精査の結果、右前頭葉の脳梗塞とその原因であるもやもや病を指摘された。左右の中大脳動脈の閉塞を認めていたため、直接・間接バイパス術を施行した。高校生になり、学校の勉強についていくことが難しくなった、ということで脳神経外科の主治医から紹介され神経心理外来を受診となった。

　神経画像所見：右の前頭葉、左頭頂葉から後頭葉にかけて、古い脳梗塞像を認める（図3－5－2）。また脳血流画像では、血管の閉塞の結果として、左右の前頭葉、頭頂葉の広い範囲にわたり血流の低下を認めている。

　（神経心理学検査）

　Wechsler Adult Intelligence scale -III（WAIS-III）　言語性64　動作性64　言語理解61　知覚統合63　作動記憶72　処理速度102

　Wechsler Memory Scale - Revised（WMS-R）　言語性56　視覚性90　一般記憶58　注意集中77　遅延再生73

　Behavioral　Assessment of Dysexecutive Syndrome（BADS）　年齢補正した標準化得点97（標準）

　（検査と症状の解釈）この症例は、中学卒業までは通常学級に通学していたが、学習面では遅れが目立った。神経心理検査の結果として認められる知能の低下（WAIS-III）は、少なくとも一部は学習が十分にできなかったことによると考えられ

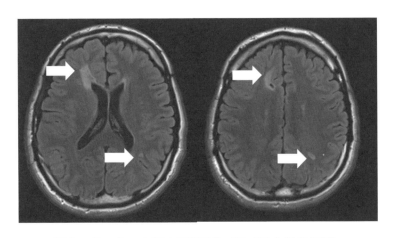

図3－5－2　症例のMRI画像（図では右側が左脳）

た。記憶の検査からは、一度に処理できる情報量（短期記憶の容量）は限られ、少なくとも長期記憶に移行する前の段階で急速に情報が失われてしまうことが示唆された。疾病教育を経て、「いろいろ言われるとどうしてよいかわからなくなる。」「だから1個ずつ伝えてもらえるようにお願いしました」という発言があり、自己理解と自らの障害への対策はある程度できるようになった。

(2) 長期記憶

その名の通り長期に保たれる記憶のことを指す。言葉で言い表すことが可能な宣言記憶（あるいは意識内容にのぼるという意味で顕在記憶とも呼ばれる）と、意識内容にのぼらない潜在記憶に分類される。潜在記憶は、古典的条件付け、プライミング、さらにいわゆる体で覚える記憶とされる手続き記憶に分類され、手続き記憶のみが長期記憶に分類される。Tulving（タルヴィング 1927-）は宣言記憶をさらに、場所や日時の情報が重要で自らが参加した出来事の記憶であるエピソード記憶（日記に書くような内容の記憶）と、そのような情報が含まれないいわゆる知識といってよい意味記憶の2つに分類した。現在でもこの分類は正しいと考えられており、実際エピソード記憶と意味記憶では基盤となる脳部位が異なることがわかっている。

記憶の障害は、一過性のものと持続性のものに分類され、記憶に関わる脳領域が多岐に渡る（図3-5-3）ことから、様々な病態で記憶の障害が生じる。

① 一過性のエピソード記憶障害
一過性全健忘：英語では Transient Global Amnesia（TGA）と呼ばれ、おそら

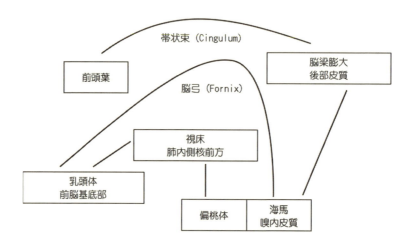

線は神経線維 四角で囲まれたものは灰白質

図3-5-3 エピソード記憶に関わる脳領域

く一過性の脳虚血が海馬を含む側頭葉内側面に生じることで起こるのではないかと考えられている。中年以降の男性に後発し、一般的には予後は非常に良いとされ、数時間から数日で回復することが多いとされる。

解離性健忘：解離性健忘は、何らかの心的外傷となりうる出来事ののちに、多くの場合はその出来事や登場人物にまつわる内容のエピソード記憶が想起できなくなることをさす。例えば、大切な人が亡くなってしまったショックで、その人にまつわる過去の記憶が想起できない、というような場合である。多くの場合はこのように内容選択的、すなわち同じ頃に生じた内容が全て想起できないわけではなく、同じ頃の出来事でもその登場人物や内容によって想起できる、想起できないということが決まる。ただし、筆者は交通外傷をきっかけに全生活史健忘（自分の名前すらわからないほど生活史については想起できないが、社会的能力は保たれている）を生じた症例を数例経験しており、区別が難しいこともある。

② 持続性のエピソード記憶の障害

持続性のエピソード記憶の障害は、図3－5－3で示した領域のいずれが障害されても生じる。例えば前脳基底部や脳弓の障害は、前交通動脈という動脈にできる動脈瘤の破裂、あるいはその治療後に生じやすいし、乳頭体や脳弓の障害はその近くに生じやすい頭蓋咽頭腫や胚細胞腫瘍などの脳腫瘍そのもの、あるいはその治療後の影響によって生じることがある。また、乳頭体の変性はアルコール多飲に伴うビタミンB1の低下によっても生じ、発見者の名前をとってコルサコフ症候群と呼ばれる。海馬を含む側頭葉の内側の障害は、脳炎後によく生じる。特にヘルペス脳炎などのウィルス性脳炎、あるいは卵巣嚢腫に伴って生じるような自己免疫性脳炎はこの部位に炎症を生じやすく、後遺症として健忘症候群を生じることが多い。図3－5－4はヘルペス脳炎後の症例の脳画像であるが、この症例では側頭葉の内側は特に左脳では破壊されてしまい、海馬・扁桃体といった重要な脳構造が消失している。

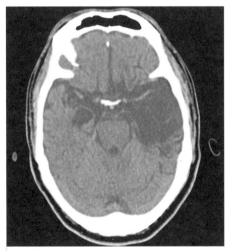

図3－5－4　ヘルペス脳炎後のCT写真（図では右側が左脳）

第Ⅲ部　脳科学からの理解

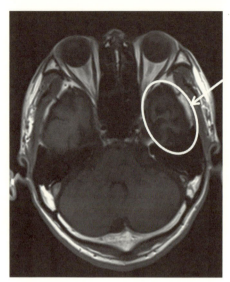

円囲みの部分を右脳（図では左側）の同じ部位と比較すると、明らかに脳の体積が低下していることがわかる。

図3－5－5　意味記憶障害の症例のMRI画像（図では右側が左脳）

③　作話

作話とは、虚言と異なり、本人はそれが事実だと思って話をしているが、実際には事実と異なる発言を指す。多くの場合は、相手に質問されることに誘発されて、何とか質問に答えようとして生じる（困惑作話）が、前脳基底部や脳弓、乳頭体の損傷に伴う健忘症候群では、何も聞かれていないのに自分から進んで作話を行う（自発作話）特徴があるとされている。

④　意味記憶の障害

先述した通り、意味記憶とエピソード記憶はその基盤となる脳構造が異なり、別々に障害される。意味記憶のみが障害される疾患は珍しいが、前頭側頭葉葉性萎縮症と呼ばれる変性疾患（いわゆる認知症）のうち、左の側頭葉が主に萎縮する場合（図3－5－5）、意味記憶の障害が独立して認められる。この病態は「意味性認知症」あるいは失語として扱われる場合は「意味失語」と呼ばれ、名詞の概念自体が失われていくことを特徴とする。概念そのものが失われるため、例えば犬を飼っている患者に「今日は犬の散歩に行ってきましたか？」とたずねると、「いぬってなんですか？」といった返答がある。多くの場合、より細かい概念が先に失われ、「犬」という概念が失われてもその上位概念である「ペット」「動物」などの概念は保持されていることがある。もちろん、病気の進行に伴って上位概念についても徐々に失われていき、最終的には全く発語がなくなる。

4）知能の障害

　知能の障害は高次脳機能障害の主な認知機能障害には挙げられていないが、記憶と知能を混同しやすい一般的状況を考え、ここで一応解説を行う。ここで重要なのは、知能と記憶は全く異なった機能で、知能が低くても記憶は優れているような場合（自閉症の一部）もあれば、逆に記憶は障害されているが知能的には保たれている場合（健忘症候群の多くの症例）も多いということである。それでは、知能とはどういう能力だろうか。これは実はなかなか定義が難しい。多くの学者が定義をしているが、まと

めると狭義には判断力・思考力・抽象的論理能力（知性）であり、広義には言語・行為・認知・記憶など、狭義の知能を働かせるための道具的能力を含むものと考えるとわかりやすいかもしれない。ただ、結局我々が知能と呼んでいるものは、端的に言えば知能検査で測定される内容の総体とも言え、多くの知能評価のバッテリーが言語による教示を使ったものであるため、特に失語症患者の評価を行う際には注意が必要である。つまり、様々な問題を解いていく際の基盤となる言語能力が低下している場合には、知能のみならず様々な能力が見かけ上低下したように見えてしまうことがある。したがって、失語症がある患者の能力評価を行う場合には、言語にあまり依存しない評価バッテリーを利用するなどの工夫が必要になる。

5）遂行機能障害

　遂行機能とは複雑な能力である。アメリカ心理学会の用語辞典によれば、「遂行機能」とは「計画を立て、決断を行い、問題を解決し、行動を持続し、課題を割り当て統合し、努力してねばりづよく目的を追求し、競合する衝動を抑え、目的の選択に当たり柔軟性をもって目的と相反することを解決する能力」とされる。また、この「遂行機能」には、多くの場合、言語能力、判断能力、抽象化と概念形成能力、論理的推論を必要とするとされている。したがって、いくつかの基礎的な能力の上に成り立っている能力と考えるべきだろう。特に、注意能力と遂行能力は関連が深く、正常な遂行機能を発揮しようと思えば、第Ⅴ章3）で述べたようなワーキングメモリの能力、第Ⅴ章2）で述べたような不必要な刺激に対する注意を抑制し、正しい注意対象を選択することで正しい行動を選択する能力が必須となる。それでは、実際の社会生活の中で、特に仕事を行うというような場合に必要となる遂行能力はどうであろうか。様々な変化する情報の中で取捨選択を行い、目的に応じた適切な情報をもとに計画をたて、場合によっては予期せぬ出来事に伴い計画を随時修正しながら遂行する、というような場合である。このような能力は複雑すぎるため、ある特定の要因だけを検査して検討する、といった方法が適していないことが多く、問診により生活における失敗などを聞き出すことによって明らかになることも多い。

　こういった高次の遂行機能に対する考え方の1つとして、平成13年度から開始された高次脳機能障害支援モデル事業においてまとめられた報告を紹介する。この報告の中では、遂行機能障害はさらに2つに分けられ、①目的にかなった行動計画の障害：目的を定め、それを達成するための計画を立てることが困難で、結果として行動を介することができないこともある。実行する能力は有していることもあるため、段階的な方法で指示されれば活動を続けることができる、②目的に適った行動の実行障害：

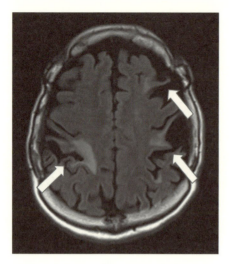

図3-5-6 症例のMRI画像（図では右側が左脳）

自分の行動をモニターして行動を制御することの障害である。自分の行動と環境とを客観的に眺め、選択肢を分析し、その時々に応じて適切な選択肢を選び、行動を修正していく能力、からなるとされる。

＜症例＞

発症時47歳　右利き女性。47歳時に右上肢のけいれんあり。翌年に右半身の脱力と失語の一過性脳虚血発作を生じ、精査の結果もやもや病と判明。その後の5年ぐらいの間に、両側の直接・間接のバイパス術を施行された。父の死をきっかけに不安が増し、体重も減少したことを契機に、リハビリテーションを再開したいという希望で当科を受診となった。

MRI画像（図3-5-6）では、左＞右で主に背外側前頭前皮質に虚血・出血後変化を認めており、脳萎縮が認められる。

（神経心理学的所見）

時に左右が分からない、2けたの足し算が暗算では難しく時間がかかるなどの部分ゲルストマン症候群（第Ⅳ章5）(1)）が残存。

Trail Making Test A 3分25秒　B 5分14秒

BADS　年齢補正した標準化得点88

（行動上の問題）京都市内に在住し、孫に会うために大阪に住む子供のところに出かけたいが、どう乗り換えていいかわからない。特に、いつもと違うプラットフォームから電車が発車したりすると、混乱してしまう。そのため、大阪に行く際は、常に決まったやり方で行くようにしている。途中で、天候や事故などのためにダイヤが乱れたりして、事前に立てた計画通りいかない場合は混乱してしまい、引き返してきてその日は諦める。

（計画の遂行上の問題）もやもや病の多くの症例で、このように、計画が途中でうまくいかなくなった場合に極端に混乱してしまう、という症状を認める。予定外のことが生じることで混乱し、頭が真っ白になって失敗してしまう、というパターンである。これは、前述の遂行機能障害の分類では②の適切な実行に関わる障害と考えられる。すなわち、落ち着いた状況で行動計画を立てること自体は可能だが、実行の段階で何らかの予定外のことが生じると、遂行することが困難となるというものである。

このような場合、混乱した状態で新たな行動の選択肢を選ぶと大きな失敗につながりやすいため、予定外のことが生じた場合にどうするかについても計画の段階で考えておく、いわば「予定外のことを予定しておく」ことが対策として重要となる。

（この症例記載については自著である 脳損傷とこだわり、臨床精神医学 2017; 46: 973-78 を改変引用した。）

第Ⅵ章　社会的行動障害

　社会的行動障害は、第Ⅴ章１）で紹介した高次脳機能障害の主たる４つの認知機能障害に挙げられている障害、つまり日本では行政的に定義された言葉である。一方で、医学的分類の中では、近年改定されたアメリカ精神医学会の疾患分類（Diagnostic and statistical manual of mental disorders-5: DSM-5）において新しく設けられた神経認知障害群（Neurocognitive disorder）という項目の中で取り上げられている。神経認知障害は、従来の認知症や健忘症候群を包含する概念で、認知機能カテゴリーとして、「複雑性注意」「実行（遂行）機能」「学習と記憶」「言語」「知覚-運動」「社会的認知」のいずれかが病前と比較し明らかに低下した場合に、この診断名がつく。つまり、それぞれの認知機能カテゴリーに対応した「注意障害」「実行（遂行）機能障害」「学習・記憶障害」「失語」「失認-失行」「社会的行動障害」のいずれかを認めれば神経認知障害群と診断されることとなる。

　それでは社会的認知、とはどのようなものだろうか。社会的認知とは、ヒトならヒトの集団の中で（イヌならイヌの集団の中で）必要とされる認知機能のことであり、社会生活では、他者の情動・意図を理解し適切な反応をするということが要求される。このような社会的認知は、いわゆる古典的な認知機能（知能や記憶）とは全く別に障害されることが知られており、近年ではそういった社会的認知の基盤となる脳領域について社会脳（social brain）と呼ぶことが多い。社会脳には、前頭葉眼窩面、腹内側面、さらには扁桃体、側頭極などの脳部位が含まれるが、外傷性脳損傷やある種の脳炎などでこういった脳部位は障害されやすく、結果として社会的行動障害が生じることがある。

　社会脳として重要とされる前頭葉、特に前頭前野と呼ばれる領域は、霊長類特にヒトで発達した脳領域であることがわかっている。社会的認知のみならず、第Ⅴ章５）で述べた遂行機能やそれに関連して解説した抑制機能などの能力の神経基盤と考えられており、この領域の脳損傷は社会行動面での変化につながりやすい。逆に、この領域が損傷しても麻痺などの神経症状が生じることはなく、1990年代ぐらいまではこの領域が何をしているのかはよくわかっていなかった。心と脳の関係は複雑だが、単純な理解としては「脳」が我々の性格傾向や行動パターンを規定していると考えられ、脳の中でも特に前頭前野がそういったより高次の社会的能力の基盤ではないかと最近では考えられている。

ただし行政用語としての社会的行動障害は、このような社会的認知の障害から直接起因する症状以外に雑多な症状を含む。国立障害者リハビリテーションセンターが作成している高次脳機能障害支援についての手引きの中では、社会的行動障害に認められる症状として、依存性・退行、欲求コントロール低下、感情コントロール低下、対人技能拙劣、固執性、意欲・発動性の低下、抑うつ、感情失禁、その他（引きこもり　脱抑制　被害妄想　徘徊など）が挙げられている。この手引きに列記されている社会的行動障害の症状は、「社会生活上問題となる行動や症状」という意味合いで、その意味では認知症の周辺症状とされる Behavioral and Psychological Symptoms of Dementia（BPSD）と同様のものと考えると理解しやすいかもしれない。つまり、医学的用語としての「社会的行動障害」が、「社会的認知の障害」を基盤とするものを指しているのに対して、日本独自の行政用語としての「社会的行動障害」はそれに加えて様々な理由で生じる社会的行動障害をすべて含む概念となっているわけである。本節では、まず社会的認知の基盤となる脳構造とその働きについてある程度説明したうえで、より広い意味でのつまり「行政用語としての社会的行動障害」について、症例を交えながら解説を行う。

第1節　社会的認知の神経基盤

　前頭葉眼窩面は、脳損傷研究や functional MRI や PET などの機能画像の研究などから、快・不快の反転学習の際に重要な役割を果たすことが知られており、情動価をもった刺激を評価し内的反応を生成する（つまり刺激に反応して情動を生じる）際に重要な働きをすると考えられている。実際、この部位の損傷例では、たとえばヒトの情動表情（恐怖・怒りなどの情動を表出している他者の表情）に対して、健常者と比較してその情動表情の強さを弱く評定する傾向にある。簡単に言うと、本来は強い情動反応を生じるような刺激に対しても、あまり反応をしない傾向といえる。腹内側面は、自閉症などの研究から、他者の意図を読み解き、いわゆる場の空気を理解する能力（「心の理論」）に大事な働きをしているのではないかとされている。ただし、ヒトに限定して存在する能力ではなく、カラスなど鳥類でもそのような能力は観察され報告されている。また損傷研究からは、この部位が意欲や自発性に関与している可能性が指摘されており、この領域の損傷では重篤なアパシーが生じることが報告されている。極端な場合は無言無動症と呼ばれる症状を呈し、患者は一日中同じ場所に座ったまま何をすることもなく過ごし、発語も話しかければ簡単な返事をする程度で、自発的な発話はなくなってしまう。扁桃体についてはすでに第Ⅳ章5）(3) で述べたが、

主に恐怖などの negative な情動の認知に重要な役割を果たしていることがわかっている。前頭葉眼窩面損傷例では、こういった他者の情動表情などの持つ情動の量的評価が低下するのに対し、扁桃体損傷例では、そもそも怒りや恐怖などの情動認知そのものが障害されているという点で、その障害の特性が異なる。扁桃体損傷例では、結果として警戒心などが低下し、初対面やそれほど親しくない他者に対して、過剰に親しげな言動を行う、という特徴を認める。

第2節　社会的認知の障害から直接起因すると考えられる社会的行動障害

1）社会的認知全体に影響を及ぼす因子

　脳損傷後に抑うつ気分をきたす症例が一定数あることが知られている。特に脳卒中後に抑うつ気分を生じる症例については、いくつか研究が行われており、左の前頭葉の影響が大きいのではないかと考えられている。このような脳卒中後のうつ状態を脳卒中後うつ状態（Post Stroke Depression: PSD）と呼ぶ。脳卒中とは、脳内の血管障害による脳損傷全般を指し、血管の破綻による頭蓋内出血、血管が閉塞したり詰まったりすることによる脳梗塞の両者を含む。また、脳卒中後うつ状態に関係する脳卒中は、何らかの症候性の脳卒中（ある程度大きな領域の頭蓋内出血あるいは脳梗塞）であり、無症候性のつまり非常に小さな脳梗塞などは含まない。

　一方で、脳損傷後に「幻覚」や「妄想」などの精神病（の中でも特に統合失調症）に認められる症状を生じる症例も存在する。幻覚とは、感覚刺激がないにもかかわらず感覚体験を生じる状態を指し、たとえば誰も何も言っていないのに誰かが自分に対して何かを言っている声が聞こえる（幻聴）、何もいないはずの玄関先に小さな虎が座っているのが見える（幻視）といった体験を指す。実際にある感覚刺激を間違って知覚することは錯覚と呼ばれ、たとえば暗い部屋でカーテンがふわっと動いたのを泥棒と間違うといった現象を指し、幻覚とは区別する。幻覚の中でも幻聴は統合失調症に頻繁に認められる症状とされている。一方で妄想とは、合理的に明らかに違うという証拠があるにも関わらず誤って信じ込んでしまった考えを指す。統合失調症では、監視されているのではないかといった妄想がよく生じるが、監視されていないという証拠をいくら積み上げてみても患者は納得しない。こういった幻覚あるいは妄想は、脳損傷後の一定数の症例に生じると考えられており、特に右の側頭葉の先端部位（側頭極）などが重要ではないかと主張する学者もいるが、はっきりしたことはまだわかっていない。抗精神病薬など、幻覚妄想に対する投薬への反応は悪いことが多いが、幻

覚や妄想が病状であることを説明することによって病識が高まり、生活が改善されることが多いとされる。

2）情動反応における障害

第1節で説明したように、前頭葉眼窩面の損傷では情動価を持った刺激に対する内的反応の低下が生じる。このような病態をアパシーと呼ぶ。患者は、病前は楽しいと思えた刺激に対しても楽しさをあまり感じず、逆に病前に辛い、嫌だと思っていた刺激に対しては、あまり辛いとか嫌だという感情を生じなくなる。つまり、何事に対しても情動反応が低下した状態となり、情動的に平板な状態となる。ヒトの行動は、「何らかの行動が楽しい、興味深いから行う」、「何らかの行動が辛い、嫌だから避ける」というように情動によって動機付けされるため、情動反応が低下すると結果として自発的な行動量が低下する傾向となる。また、何事に対しても無関心な態度を示すことが多く、うつ状態の患者が自らのうつ状態に対して非常に関心が高く医療者に強く自らのうつ状態について訴えるのに対して、アパシーの患者では自らのアパシーの状態に対しても無関心で、自分から自らのアパシーの状態について医療者に訴えることは非常に稀である。

＜症例＞

受傷時50代、右利き男性。

バイク運転中に外傷性脳損傷。急性期病院で保存的加療を受け退院となったが、家人が性格変化に気がつき受診。外傷後健忘期間は約2日。

（神経心理検査）

WAIS-III（知能検査　平均100　1標準偏差15）　言語性129　動作性127

WMS-R（記憶検査）　言語性記憶94　視覚性94　注意集中123　遅延再生97

高い教育歴を反映し、知能は非常に高い。逆にいうと、事故による前頭葉損傷で知能はほとんど低下していないことが示唆される。一方で、記憶能力は知能と比較し低い値となっており、脳損傷のためある程度の低下を生

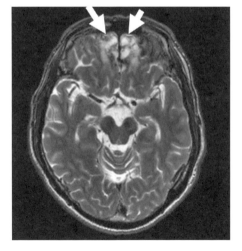

T2強調画像　矢印の白い部分が損傷部位を示している

図3－6－1　症例のMRI画像（図では右側が左脳）

じた可能性が高い。ただし、値としては正常範囲内の値となっている。
　（神経画像検査）
　MRIでは、図3－6－1に示すとおり前頭葉眼窩面に外傷性の脳挫傷所見を認めている。
　（神経学的所見）
　神経学的には、前頭葉眼窩面を走行する嗅神経の障害に伴うと考えられる中枢性嗅覚脱失を認める。
　（行動上の変化）
　何事に対しても無関心となり、事故後初めて行った海外旅行では1日目で飽きてしまい、近くの温泉と変わらない、という感想を漏らした。一方でそれまで苦手だった人前で喋るといった行動がそれほど苦手ではなくなり、事故前はうまくできなかった女性との会話もそれほど苦手意識を持たずにできるようになった。

3）情動表出の段階での障害

　刺激の情動価を正しく認知し、それに対して正しい内的反応を生じた場合でも、内的反応の表出のみが障害されることがある。昔から「病的泣き笑い」と言われてきた病態がそれにあたり、患者は特段悲しいと感じたわけでもないのに涙を流したり、あるいは楽しいわけでもないのに笑ったりしてしまう。近年では、従来言われていた「泣く」「笑う」だけでなく全ての感情表現についてこのような病態があるのではないかと考えられている。例えば老健施設などで、呼びかけると泣き出す入居者に出会うことがある。この場合、名前を呼ばれただけで涙を流す、という現象が生じており、内的な情動反応が全く生じていないのに「泣く」という情動表出が生じていると考えられる。極端な場合は、このように内的な情動反応である「悲しい」「楽しい」といった気持ちが全くないままに、情動表出である「泣く」「笑う」といった行動が生じるが、多くの患者では病前にはそんなことで泣いたり笑ったりしなかった刺激に対して、「泣く」「笑う」といった情動の表出が生じる。この場合大事なことは、患者の内省においては「自分は泣くほど悲しくない」「自分は笑うほど楽しくない」と感じている点である。すなわち、患者は自分としてはそれほど悲しいとか楽しいとか思っていないにも関わらず、行動としては泣いたり笑ったりしてしまうわけである。繰り返しになるが、他の情動についても同じような現象が生じると近年は考えられており、特に「怒る」という情動についても同様の病態があるだろうと考えられている。この病態は、外傷性脳損傷、変性疾患（いわゆる認知症）を含む様々な疾患に伴って生じることが知られており、基盤となる脳構造についてはまだはっきりしていない。ただ、抗うつ剤の一

種である選択的セロトニン再取り込み阻害剤（Selective Serotonin Reuptake Inhibitor: SSRI）の少量投与にすぐに反応し良くなることが多いため、神経伝達物質（神経細胞同士の情報伝達に用いられる物質）の一種であるセロトニンの減少が影響している可能性が高いと考えられている。

＜症例＞
受傷時 60 代、右利き女性。

仕事の帰りに交通事故にあい、急性期病院で 2 週間の保存的加療を受け、回復期リハビリテーション病院に転院。そこで 3 か月のリハビリテーションを行い、自宅に退院となった。事故後のことについては 10 日間ほど覚えていない（外傷後健忘期間）。

（神経画像検査）
MRI では左の小脳、右の前頭葉にそれぞれ挫傷性変化を認める（図 3 － 6 － 2）。

（神経心理学検査）
WAIS-III（知能検査　平均 100　1 標準偏差 15）　言語性 120　動作性 99　言語理解 112　知覚統合 101　作動記憶 119　処理速度 102

WMS-R（記憶検査）　言語性記憶 74　視覚性 61　注意集中 68　遅延再生 72

検査では右脳の損傷のため、非言語性の知能がやや低下している。記憶面では、長期記憶の早い段階で、情報が多くこぼれ落ちてしまうことが示唆され、注意の問題の影響が考えられる。

（行動上の変化）
ご自身では事故後の変化として、忘れ物が多くなった、探し物が多くなり時間がかかるようになった、といった注意の障害に伴う症状の自覚があった。何回目かの診察

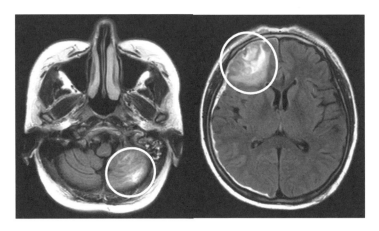

図 3 － 6 － 2　症例の MRI 画像（図では右側が左脳）

で、同伴した夫から、「感情のコントロールができず、泣いたり怒ったりが大変で難儀している」という発言があり、ご本人に確かめると、自分ではそれほど悲しかったり怒りを感じているわけではないが、そのような行動になってしまう、ということであった。ご自身の感じている情動の強さとその表出のバランスがあっていないことから、病的泣き笑いと判断し、SSRIを少量投与したところ、次の診察では夫から随分と感情の表出が落ち着いて助かっていますという報告を得た。

4）情動反応の硬さから生じる社会的行動障害

　前頭前野の働きとして、日々新しく生じる事態に柔軟に対応する能力が挙げられる。前頭前野が発達していない動物種においては、刺激に対する反応は通り一遍で、決まった刺激に対しては決まった反応が生じやすい。このことは、ある意味で有利である。なぜなら、決まり切った反応は刺激に対して即座に生じるため、危険を回避するといった生命維持に必要な反応については、このような通り一遍の、決まり切った反応を生じる方が有利に働くことが多いからである。しかしながら、ヒトが生活する環境においては、昨日までは個体（あるヒト）にとって有利に働いた反応が今日も有利であるとは限らない。例えば、それまでうまくいっていた方法が、状況が変わることによってうまくいかなくなる、ということが頻繁に生じる。このような場合に、それまでの行動方針を捨て、柔軟に行動方針を選択する、刺激への反応を変更する、といったことが必要になるが、そういった柔軟な対応能力が前頭前野の機能に大きく依存していると考えられている。前頭前野の損傷に伴い、このような柔軟性が障害されることがあり、特にそれが情動反応の硬さとして現れることがある。前頭葉損傷の患者では、道徳やモラルの関連した他者の行動について、情状酌量を行うことが普通は妥当だと考えられる場合でも杓子定規な通り一遍の情動反応を生じやすい。このことは、本来であれば、このような他者の行動に対する判断には理性と情動の両面が影響し、いわば両者の折衷的な判断がなされるのに対し、前頭葉損傷患者では理性面の（つまり杓子定規な）判断が優先されてしまうことを示している。行動としてはある意味で正義感の強い行動として現れるため、「過剰な正義心」と表現されることもある。このような場合、患者の行動は「正しいか正しくないか」という判断軸で見ると「正しい」としか言えないものであるが、社会生活の中では結果として損をする行動に繋がることが多い。対応としては、正しいことは認めつつ、損得の次元で考え直して見る習慣をつけるように指導するのが良いのではないかと考えられている。

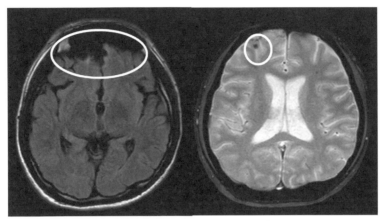

右の図の丸で囲まれた部位の低信号部位（黒い点）は小さな出血の所見

図3－6－3　症例のMRI画像（図では右側が左脳）

＜症例＞

受傷時20代、左利き男性。バイクで走行中車と衝突し、受傷。急性期病院で約1か月の保存的加療を受けたが、その間のことはあまり覚えていない（約1か月の外傷後健忘期間）。

（神経画像所見）

MRIでは、両側前頭葉に脳挫傷所見を認め、さらに深部白質に小さな出血斑を認め、びまん性軸索損傷を合併していると考えられる（図3－6－3）。

（神経心理学検査）

WAIS-III（知能検査　平均100　1標準偏差15）言語性100　動作性78　言語理解97　知覚統合85　作動記憶117　処理速度78

WMS-R（記憶検査）　言語性78　視覚性104　注意・集中113　遅延再生87

知能検査では言語性の知能は平均値であるが、処理速度については明らかに低下しており、その影響で動作性知能についても低下した値となっている。記憶ではむしろ言語性に低下を示しており、長期記憶の早い段階で情報が失われる傾向が明らかである。

（神経学的所見）

急性期には右半身の不全麻痺を認めていたが、リハビリによって医療者が見てもわからない程度に回復。小脳性の失調性運動障害が残存し、特に構語では滑舌が悪い印象を与える。また、左の瞳孔反射の低下、眼瞼下垂、複視など左の動眼神経麻痺の所見を認める。疲れやすさ（精神疲労）、頭痛も認めている。

第Ⅲ部　脳科学からの理解

（行動上の変化）

　他者のマナー違反などに過剰に反応するようになった。例えば、車輪をはめ込むタイプの駐輪場（コインパーキング）のすぐ横に、駐輪場を利用せずに止めている自転車を見つけ、それに対して腹を立てその自転車を勝手にコインパーキングに入れてしまう、といった行動を生じた。面と向かっても他者の些細なマナー違反に対して厳しく言及することで、トラブルになることが時に生じている。

第3節　他の認知機能障害や社会心理的要因から生じる社会的行動障害

　社会認知そのものが障害されていない場合でも、たとえば記憶の障害があることで、言った言わないの水掛け論から易怒的になりやすくなる、あるいは脳損傷を負う大きな病気や事故をきっかけにして、職を失い、場合によっては離婚を経験し、結果として抑うつ気分や引きこもりなどの社会的行動障害を生じる場合もある。脳を損傷する病気や事故自体が人生に大きな衝撃や変化を与え、結果として経済的問題や人間関係の問題を引き起こしうるため、脳損傷そのものの後遺症とは区別して考える必要がある。このような場合は、結果として社会的行動障害が生じているとしても、対応としては原因となっている他の認知機能障害、あるいは経済的なことを含めた社会的要因自体に対策を行う必要がある。次に数例のこのような症例について紹介し、詳しく述べる。

1）健忘症候群のために易怒性を認めた症例

　＜症例＞

　発症時13歳、右利き男性。頭痛などをきっかけに精査にて右前頭葉の胚細胞腫瘍が見つかり、化学療法、放射線療法を行ったのち、退縮した（小さくなった）脳腫瘍を摘出した。術後、症候性転換の合併あり。退院後、学校で困ることがあったようだが、当時は何が原因かわからず、22歳の時に紹介受診となった。

　（神経心理学的検査）

　WAIS-III（知能検査　平均100　1標準偏差15）言語性82　動作性86　言語理解90　知覚統合106　作動記憶83　処理速度66

　WMS-R（記憶検査）　言語性56　視覚性87　注意・集中94　遅延再生69

　特に言語性の記憶については、長期記憶の早い段階から低下が強く、一方で、最初に入った記憶についてはある程度保持することが可能なことがわかる。このような能

力低下は13歳時からあったと考えられ、それにしては知能検査で処理速度以外の全ての項目が正常範囲内に入ることから、本人がこれまで非常な努力をしてきたことが窺われる。

（行動上の変化）

この症例では、親が弟たちには自由にさせているのに、自分にだけ「あれをするな」「これをするな」とうるさい、といった心理的要因からくるイライラに加えて、自分では言われた覚えもないのに「さっきそれ言ったやんか」などと指摘されることがイライラする、という内省があった。後者は、健忘症候群から起因するイライラであり、本人の病識を改善させるとともに家族に対しても疾病教育が必要であった。どのような場面で本人がイライラしやすいか、原因としてはどのようなことが考えられるかについて、本人・家族に疾病教育を行い、その結果イライラする頻度は改善していることが報告された。

2）脳損傷後の恐怖症のために引きこもっていた症例

＜症例＞

受傷時38歳、右利き女性。交通外傷後、集中力の低下や不安感などが続くということで、脳神経外科から紹介受診。受傷前は明るい性格で接客の仕事を普通にこなしていた。引きこもり生活をしていたが、原因を尋ねると、「車を見た時」あるいは「道路を渡ろうとする時」に強い不安感・恐怖感が出現することが述べられた。事故の瞬間には意識消失があり、ご本人は事故を映像的に記憶していなかったが、事故後に繰り返し行われた警察による聴取、あるいはその時の映像などを見せられた体験から、「車」や「道路の横断」に対する恐怖症が生じていると考えられた。

（神経心理検査）

WAIS-III（知能検査　平均100　1標準偏差15）言語性123　動作性115　言語理解116　知覚統合110　作動記憶119　処理速度116

WMS-R（記憶検査）

言語性111　視覚性110　一般記憶113　注意集中115　遅延再生118

BADS（遂行機能検査）

年齢補正得点102

（行動変化とその対策）

行動上は、引きこもりを認めていた。原因が恐怖症であると考えられたため、恐怖症に対して行動療法（段階的に車や道路の横断に慣れさせる）を行った。具体的には、まず家の前で車の往来を眺めることから開始し、その次に一車線道路を車が通ってい

ない時に家族と一緒に渡る、次に二車線道路を、と言った具合に段階を踏んで練習を行い、最終的には特に恐怖症による行動制限はなくなり、現在は電車に乗って通院をしている。

3）障害告知がなかったことで二次障害を生じた症例
＜症例＞
　受傷時 30 代、右利き男性。受傷後約 1 週間意識障害あり、保存的加療を受けたらしい。受傷後の外傷後健忘期間は約 1 か月で、その後元の仕事は退職し、色々とアルバイトをしたらしいが、仕事をなかなか覚えられず叱責を度々受けては退職するということの繰り返しだったとのこと。受傷後に結婚した妻が、本人の能力低下と事故との関係を疑い、筆者が務める相談施設に相談の上受診となった。受診時には事故後すでに 20 年以上の年月が経過しており、事故の前後のことは不明な点も多かったが、神経画像検査、神経心理検査では明らかな脳損傷と能力の低下があり、事故による高次脳機能障害と考えられた。

（神経画像検査）
　MRI では年齢に比して萎縮が強く、脳梁の菲薄化や一部微小出血後の変化などがあり、びまん性軸索損傷と考えられた（図 3－6－4）。

（神経心理学的検査）
　WAIS-III（知能検査　平均 100　1 標準偏差 15）言語性 94　動作性 76　言語理解 95　知覚統合 79　作動記憶 111　処理速度 81
　WMS-R（記憶検査）　言語性 74　視覚性 57　注意・集中 92　遅延再生 50 未満
　知能面でも記憶面でも非言語の視覚性の情報に対する能力低下が目立ち、特に記憶面では、長期記憶の指標である遅延再生が 50 未満であり新しいことを記名する能力の低下を強く認めた。

（行動上の変化）
　この症例では、事故との因果関係

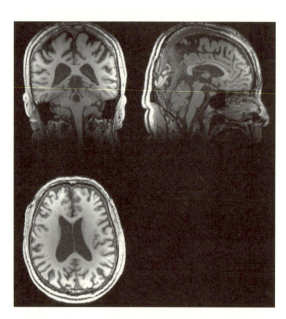
図 3－6－4　症例の MRI 画像（この図では右側が右脳）

や能力低下などが不明なままに仕事に就いては叱責受け解雇されるということを繰り返していた。検査でも、できないことに対して易怒的となりやすく、「馬鹿にされているように思った」と振り返るなど、被害的な傾向を認めた。事故後に繰り返し職場で叱責を受けたことによって、「できないこと」＝「叱責・馬鹿にされる」という構図が出来上がり、それに対して反発や怒りを覚えるという反応が生じていると考えられた。後遺症についての説明などがない中で、原因がわからないまま叱責される場面が増えた、ということでこのような傾向が二次的に生じてきたものと考えられた。

第Ⅶ章　検査

第1節　検査の前にすべきこと

　どの医学領域でもそうだと思うが、特に神経心理学、あるいは精神医学的分野において問診が占める重要性は非常に高い。問診は、まず主訴つまりなぜ病院に来るに至ったかについての主な訴え、それがいつから生じているのか、どういった状況で悪化（あるいは改善するのか）、随伴する何らかの症状はあるのか、患者自らあるいは家族はどのようにその症状を理解・解釈しているのかを聞く必要がある。この際、こちらが大事だと思う情報について、患者や家族が大事だと思っていない場合もあり、ある程度自由に語ってもらったのち、こちらが質問の焦点を絞って病態のヒントとなる情報を聞き取っていく必要がある。例えば、ATMの操作に時間がかかるといったことは、認知症の判断には割と重要であるが患者も家族もあまり重要視していないかもしれない。さらに、特に神経心理学的な症状は何らかの脳損傷をきっかけとして生じることから、脳損傷前にはどれくらいの能力があったかについても、就学期年齢の場合は学校の成績など、就労している場合はどのような業務を行うことができていたか、あるいは性格変化であれば元々の性格はどのようで、社会適応能力はどれくらいあったか、ということについて聴取する必要がある。当たり前のことだが、脳損傷後にいくらリハビリテーションを行い代償手段を獲得したとしても、脳損傷前より優れた能力を獲得することはできない。そういう意味では、もっと幼い時の発達についても聴取することが必要で、運動面、言語面、情動的な側面において定型的な発達をしていたかどうか、右利きの場合でも矯正歴がないかどうかといったことを確認しておく必要がある。

　さらに、診察の場面で検査をしなくても得られる情報もたくさんある。診察室に入って来る際の歩行状態はどうか、すり足ではないか、失調性歩行ではないか。フリートークで音の歪みはないか、錯語はないか、自発的な発語量は十分か、抑揚やアクセントなどの異常はないか。不随意運動はないか、あるとすればそれは安静時か姿勢保持の際か、周波数や部位はどこか。何かにぶつからず歩けているか、椅子にちゃんとまっすぐ座れるか。場面や会話内容に応じた適切な表情や感情の表出があるか。問診の最中には、必要なことを聞き出すと同時に、こういった患者の行動、あるいは家族の行動自体を観察しておく必要がある。

第 2 節　スクリーニング検査

　スクリーニング検査はその名の通り疾患の鑑別に用いる検査のことを指す。ベッドサイドや短い診察時間の中でも行える利点がありうまく使えば有用だが、鑑別診断を行うという視点がないままに合計得点だけを論じていてもあまり意味はない。長谷川式認知症スケール、Mini-Mental State Examination（MMSE）などがスクリーニング検査にあたる。両者は重なる点が多いので、ここでは MMSE についてもう少し詳しく見てみる。MMSE は①時間と場所の見当識②3 単語の記銘③Serial 7'（100 から 7 を繰り返し引いていく）④文の復唱⑤聴覚的 3 段階命令（3 つのステップからなる操作をしてもらう）⑥図形模写⑦自発書字⑧読字理解（書字命令の実行）⑨②で記銘した 3 単語の遅延再生⑩物品呼称の 10 項目からなる。①は重症の健忘症候群や意識障害にともなう注意障害で障害されやすい。②は純粋な短期記憶、③では単なる計算能力だけでなく、100 から 7 を引き、その答えを覚えておくと同時に次に何をやるかについても覚えておく、という意味でワーキングメモリ能力も影響する。④は言語性のワーキングメモリに加え、失語症で述べたような伝導性失語があるかどうかの確認になる。⑤は言語の聴覚的理解をテストすると同時に、不器用さなど行為面についても観察が可能である。⑥では視空間認知や構成能力について、⑦⑧では主に失書、失読について確認でき、⑨では長期記憶についての確認ができる。⑩では呼称能力あるいは失認について確認を行う。したがって、満点が 30 点で合計得点が算出できるといっても、どの項目で失点したかによって、次に行うべき検査が全く異なることになる。また、検査全般に言えることだが、検査中の患者の態度、例えば協力的かどうか、気が散る状態であったかどうかなどについて観察して記載することが望ましい。

第 3 節　障害に対する特異的な検査

　第 2 節で述べた通り、スクリーニング検査は鑑別診断のために行う。スクリーニング検査である程度障害の特性が把握でき、それが日常生活に見られる困りごとと矛盾しないと確認できれば、さらに詳しく検査を行うことがある。

1）注意力の検査

　意識障害があり、注意力がかなり低下していると考えられる場合は、難しい検査をしても日によっての変動などが激しいし、場合によっては検査を最後まで施行できないことも多く、参考となる検査結果を得ることは難しい。そういう際には、日や時間

を変えて繰り返し見当識を確認する、あるいは数唱の順唱や逆唱などの簡単な注意機能検査を繰り返し行うことが病状の評価の参考となる。より軽微な注意障害の場合は、日本では標準注意検査（Clinical Assessment of Attention: CAT）が使われる。CATは既存の7つの注意機能検査を組み合わせたもので、ワーキングメモリ、空間注意、空間探索、注意の維持、反応の抑制などの様々な注意能力を測定する検査である。したがって、CATのどの下位検査で低下が認められたかを確認することが重要となる。

2）失語症検査

失語症検査は、臨床的には日本独自に開発された標準失語症検査（Standard Language Test for Aphasia: SLTA）が利用されることが多い。この検査では、言語能力を構成する「聴く」「話す」「読む」「書く」に加え、左角回損傷で生じやすい「計算」についても評価を行う。この検査の点数だけから失語症型を必ずしも決定できないが、患者の能力障害の特性を理解するには十分である。また、構成失書など他の理由によって言語症状が出現する場合を鑑別することはできないため、脳損傷部位や他の能力障害を合わせ検討することが必要となる。英語圏ではWestern Aphasia Battery（WAB 失語症検査）がよく用いられる。これは日本語版もあり、統計学的、数量分析が行われ、失語指数や検査得点からの失語症分類を可能にしている。Tokenテスト（トークンテスト）は、純粋な失語症の検査というよりは、言語発達における文法の理解、文の中の名詞同士の関係性の理解を確かめる検査と考えられる。繰り返しになるが、失語がある症例では言語による教示や回答を要する検査は全てが失語の影響を受けるため、失語症がある症例の記憶や知能の検査には言語をなるべく使用しない検査を選択する必要がある。

3）記憶の検査

記憶の検査で主に用いられるのは3種類ある。1つは言語性の記憶、視覚性の記憶を総合的に評価できるWechsler Memory Scale（WMS）の改訂版である。この検査では、下位指標として言語性記憶、視覚性記憶、注意・集中、遅延再生の4項目（言語性、視覚性を合わせ一般記憶と呼ぶ）を算出することができ、注意・集中は主にワーキングメモリを、言語性記憶、視覚性記憶は主に早い段階での長期記憶を、遅延再生はさらに遅い段階での長期記憶を評価することが可能である。先に述べたように、WMSを含め複雑な神経心理検査は失語症がある症例では施行自体が難しいため、そのような場合には言語に依存しない検査であるRey-Osterriethの複雑図形を使うことがある。この検査は、その名の通り馴染みのない複雑な図形をまず模写させ、15分

後や 30 分後に思い出して再生させ得点をつける。より日常的な記憶に即した検査としては、リバーミード行動記憶検査があり、この検査では日常生活に必要な予定の記憶である展望記憶を含め、実際に行動をしてもらうことで評価を行う。

4）視覚刺激処理に関する検査

　視覚刺激を正しく処理できているかどうかについては、視覚認知を確認する必要がある。簡単な検査としては、線画や写真の呼称ができるかどうか、錯綜図（いくつかの物品の線画を重ねたもの）を正確に認知できるか、あるいは立方体の模写が可能か、地図が読めるか、といったことが参考になる。より詳しい検査としては、標準高次視知覚検査（Visual Perception Test for Agnosia: VPTA）があり、これは①視知覚の基本機能（線の傾きや長さなど）②物体・画像認知③相貌認知④色彩認知⑤シンボル認知⑥視空間の認知と操作⑦地誌的見当識（日本の白地図上の有名地の定位、自宅の見取り図など）の7つの下位検査項目からなる。半側空間無視が疑われる場合には、行動無視検査（Behavioral Inattention Test: BIT）を使用する。これは①線分抹消試験②文字抹消試験③星印抹消試験④模写試験⑤線分二等分試験⑥描画試験の各項目からなるが、合計得点で無視行動があるかどうかをチェックする。

5）前頭葉検査と遂行機能検査

　すでに述べてきたように、前頭葉でいわゆる知能が低下する症例は稀である。それでは前頭葉は何をしているかというと、計画を立案しそれを柔軟に現状にあう形で修正しながら実行していく（臨機応変さ）、注意を複数のことに分配し、不必要な刺激に対しては注意や行動を抑制する、といった機能を果たしていると考えられる。前頭葉機能の検査バッテリーとしてはFrontal Assessment Battery（FAB）が挙げられ、これは概念化（抽象化能力）、知的柔軟性（語流暢性）、行動プログラム（連続行動）、反応の選択、Go/No-Go（反応の抑制）、自主性（自発行動とenvironmentalismのチェック）の6つの下位検査からなり、それぞれ全く異なる前頭葉機能を検査しているので、どこで失点したかが重要である。遂行機能については様々な検査がある。ハノイの塔、Trail Making Testなどが挙げられるが、包括的なものとしては、遂行機能障害症候群の行動評価（Behavioral Assessment of Dysexecutive Syndrome: BADS）があり、これは計画をたてそれをうまく実行するという行動そのものを評価するように作成されている。

6）知能検査

　知能を定義することは難しいが、狭い意味では判断力・思考力・抽象的論理能力などを指し、広い意味ではそういった能力を発揮するために必要な言語操作能力、記憶能力、認知能力などを含む概念である。全ての認知能力の背景となる共通因子としての一般的認知機能が存在するかどうかについては、様々な議論がなされてきたが、今の所結論を見ていない。現在用いられる知能検査では、学んで習得するようないわゆる知識と思考力そのものの両方を評価する形となっており、教育歴が長くなるにつれ、知能検査ではかる得点は高くなる傾向にある。例えば中学卒業後漁師になった20名と大学在学中の同年齢の20名の知能検査を比較した場合、後者が高い得点を取る傾向にある。しかしこのことは、必ずしも後者の集団の方が知能が高いことを示すわけではない。知能検査で測定した得点が高いという意味にとどまり、実際に機転が効くかどうか、応用力があるかどうかといったこととは必ずしも関連しないということを留意する必要がある。また、幼児期や学童期では年齢ごとにできることが変化していくため、そのことにも留意する必要がある。そのためその年代では知能検査だけでなく、発達検査と呼ばれるその年齢で習得しておくべきことがどれくらい習得できているかについての検査も存在する。発達検査としては、日本では新版K式発達検査がよく利用され、発達指数などを算出することが可能である。知能検査でよく用いられるのはWechslerシリーズと呼ばれるものである。これは16歳以上を対象とする大人版（Wechsler Adult Intelligence Scale: WAIS）と、6歳から16歳を対象とする子供版（Wechsler Intelligence Scale for Children: WISC）、3歳から7歳3か月までを対象とする就学前幼児版（Wechsler Preschool and Primary Scale of Intelligence: WPPSI）の3つからなり、年齢層に応じた検査が可能となっている。繰り返し改定が行われてきた結果、現在のWAIS、WISC共に第4版、WPPSIは第3版が利用されている。これらの検査では同一年齢集団の平均値からどれぐらい離れているかを算出することが可能である（いわゆる知能指数と呼ばれるもの）。詳しくはそれぞれのマニュアルなどを参照してほしいが、現在のWAIS-IVではIIIまでは使用されていた言語性知能指数、動作性知能指数という言葉がなくなり、それより下位の項目である言語理解指標、知覚推理指標、ワーキングメモリ指標、処理速度指標を重要視するように改められた。

第Ⅷ章　対応の原則と利用できるサービスなど

第1節　精神論はやめよう

　脳損傷後に生じる能力の障害は、能力の基盤となる脳部位の障害から生じており、その意味では本人の努力でどうにかなる範囲を超えていると言える。例えば、脳損傷後に注意障害を生じた症例に対して、「もっと注意しなさい！」ということは簡単だが、本人にしてみれば「そうできるなら、とっくにしています！」ということになるだろう。本人にしてみれば重々わかっていることを繰り返し言われることは苦痛でしかないし、そもそもその能力が低下したヒトに対してその能力をもっと発揮するように注意しても問題は解決しない。それでは、どのような解決策が望まれるのだろうか。問題解決には、問題点を具体的に提示し、それに対して具体的な解決策を考えることが必要となる。例えば注意障害の場合には、注意をそらす刺激がないかどうか、集中できる環境が保証されているかは非常に大事なことで、例えば患者が何か作業中に周りが声かけをしているならば、まずそれをやめることが大切となる。

　原則としてまとめると、①低下した能力にいかに負荷をかけないようにするかの工夫、②低下した能力をいかに他の手段（道具や周りの人の援助）で代用・代償するかが重要となる。その際に、精神論や抽象的な議論はやめ、具体的にどのような場面、どのような課題で失敗が目立つのかを振り返り、それに対して具体的な手段を講じることが重要となる。

第2節　疲労や頭痛、音の過敏さなどへの対策

　多くの脳損傷症例では、特に自分の苦手な活動で疲労しやすくなる。健常者でもそうだが、疲労は感情のコントロールを悪くする1つの要因となり、そのような場合は睡眠をとって疲労をなくすことが唯一の手段となる。脳損傷後の数年ぐらいは、疲労のため一日の活動を2つに分け、昼寝をしてから後半の活動をするといった工夫が必要になる場合も多い。頭痛もよくある後遺症の1つで、特に雨降り前などの気圧が急激に変化するタイミングで悪化する症例が多い。内服薬である程度コントロールできる場合もあるが、難しい場合は安静にする必要がある。音、特に人の話し声に過敏に反応する傾向も、脳損傷後に良く認められる。これは一部はいわゆるカクテルパーテ

ィー効果を失った結果と思われる。つまり、本来であればヒトの注意能力は注意対象の刺激のみを拾うようにできており、たとえば集団でわいわい話をしているような場合でも、自分の聞きたい相手の声を拾うことができる。これがカクテルパーティー効果といわれる注意機能の能力だが、この能力が低下すると、本来拾わなくてよい音や声を全部拾ってしまうため、聞きたい音や声を聞き取りづらくなり、ざわざわした音に疲れたりイライラする結果となる。このような場合可能なら1対1で話をすることが望ましく、電子耳栓などの活用も必要となる。

第3節　病識の問題

　脳損傷後に自分がどのような問題を抱えてしまったのか、ということに対する知識や理解全体を病識と呼ぶ。病識は大きく3段階に分けると理解しやすく、まず自分の障害について知識を持っているかどうか、次にそれに対してどのような感情反応をしているか、最後にその障害が自分の生活のどのような側面に影響を与えるか、ということを段階的に理解することとされている。このような理解自体が脳で行われるため、そもそも脳損傷の患者では病識の問題が生じやすい。また、ヒトはみな現在の自分が普通の状態であると信じやすい傾向にあり、そのような心理的バイアスによっても病識が損なわれる。記憶力や推論能力が障害されても、自分の障害について覚えられない、あるいはその影響について考えることができない、という結果になりやすい。

第4節　福祉サービスなど

1）手帳と年金

　手帳や年金の仕組みとしては、高次脳機能障害、あるいは神経心理学的後遺症は、失語（特に発語の問題）を除いて、精神障害に分類されることとなっている。後遺症がわかって半年後から精神障害者保健福祉手帳の申請が可能であり、年金のほうは脳損傷の原因となる疾患を理由に初めて医療機関で診療を受けた日から1年半後から申し込むことが可能となる。

　手帳を取得することで利用できるサービスは地方自治体によって多少異なるが、例えば障害者枠での就労を目指す場合などは、手帳が必須となる。また、未成年時期に主に知的発達が障害された場合療育手帳の申請も可能で、精神障害者手帳と両方とも申請することも可能である。申請にあたっては児童相談所での診察が必要で、また、手帳と学校・学級の選択は別物なので、手帳を取った上で普通学級に通うことも可能

となっている。

　後遺症があり、特にそれが社会生活、就労に影響を与えるような場合は、障害年金を20歳になった段階、あるいは原因となる疾患で始めて病院にかかってから1年半後に申し込むことが可能となる。実際の申請にあたっては、年金の納付要件つまり20歳から申請時までの期間のうち一定の割合で納付が確認されることが必要である。

2）高次脳機能障害支援センターと障害者総合支援法・介護保険

　日本では脳損傷後に生じた様々な後遺症の総体を、（麻痺や単純な知覚の障害を除き）行政的に高次脳機能障害と呼ぶことになったが、それにあわせ、高次脳機能障害支援普及事業が行われている。具体的には、各都道府県や政令指定都市に高次脳機能障害者の支援拠点機関をもうけ、支援コーディネーターを配置することによって、専門的な相談や関係機関との連携、正しい理解を促進するための普及事業などを行うこととなっている。何らかの原因で脳損傷を負い社会生活に問題を抱えている場合、まずこの高次脳機能障害支援センターが相談先となり、相談内容によってさらに専門の相談機関へと紹介される形となる。年齢や発症原因によって紹介される専門機関、あるいはその根拠となる法律が異なり（表3-8-1）、40歳以上の脳血管障害の患者では介護保険サービスが優先されることとなっており、40歳未満あるいは65歳未満でかつ脳血管障害以外の原因で脳損傷を負った場合には、障害者総合支援法に定めるサービス利用を優先することとなっている。

　ここでは、障害者総合福祉法に定めるサービスについてもう少し詳述する。この法律では、医師の記載する障害支援区分認定書類に基づいて、様々なサービスが規定されている。居宅介護、重度訪問介護、同行援護、行動援護、療養介護、生活介護、短期入所、重度障害者等包括支援、施設入所支援、自立訓練（機能訓練）、自立訓練（生活訓練）、宿泊型自立訓練、就労移行支援、就労継続支援A型（雇用型）、就労継続支援B型（非雇用型）、就労定着支援、自立生活援助、共同生活援助（グループホーム）の18項目があり、同行支援および自立訓練以下の項目を除き、障害支援区分での一定の重症度の症例のみ利用できることが規定されている。この法律上規定されていないものも含め、就労系のサービスについて以下に解説を行っておく。

① 障害者職業相談室：ハローワーク内に設置。障害者向けの求人情報を提供してくれ、利用にあたっては手帳の取得が必要。

② ジョブパーク・ジョブカフェなど：総合就職支援拠点（各都道府県）。就職に向けた訓練、企業実習などの紹介もある。

③ 障害者就業・生活支援センター（いわゆる「なかぽつ（・）」）：どちらかという

表3－8－1　福祉や介護サービスなど

現在の年齢	40歳未満	40～64歳		65歳以上
障害の原因	―	事故等	脳血管疾患	―
利用できるサービス	障害福祉サービス		介護保険サービス （※介護保険加入者）	
入所	○施設、ショートステイ、 グループホーム等		○特養、老健、ショートステイ等	
通所　日中活動・訓練	○生活介護 ○自立訓練		○デイサービス、デイケア ○デイサービス（短期集中運動型等）	
通所　就労	○就労継続AB、就労移行		×	
訪問　ヘルパー	○介護、入浴、家事、移動支援等		○介護、入浴、家事等	
訪問　訪問や訪リハ	×		○	
福祉用具、住宅改修等	○		○	
相談先	障害者地域生活支援センター 区役所・支所の保健福祉センター		地域包括支援センター 区役所・支所の保健福祉センター	

と生活支援に軸を置いた障害者支援センター。必要な事業所への紹介業務などもしてくれる。

④ （地域）障害者職業センター：職業適性評価、職業準備支援なども行なってくれ、また就労した場合に一定期間、ジョブコーチと呼ばれる専門家が、定期的に面談や会社訪問を行ない、就労が順調にいっているか相談に乗るサービスがある。

⑤ 就労継続支援施設：B型は雇用契約がなく、賃金は工賃と呼ばれ、時給100円、150円といった程度のことが多い。一方で仕事内容は単純な手作業のことが多いので、障害が重い場合でも社会参加ができる、というメリットがある。A型は、雇用契約があり、その地域の最低賃金が保証される。雇用契約を結ぶために、最低でも週20時間の勤務が必要で、B型と比較すると、より複雑な仕事内容であることが多い。

⑥ 就労移行支援施設：就労継続支援施設と異なり、賃金は出ないことが多い。就労に向けての社会マナーや、技能訓練といった授業もあり、基本的には2年間の利用期間のうちに、何らかの形での就労を目指していく支援施設。

⑦ 障がい者枠就労：障がい者枠の就労とは、従業員200人以上の企業で義務付けられているもので、企業によっては障がい者に配慮しやすい仕事を集めた子会社（特例子会社）を作っているところもある。手帳を持っていることが条件で、障がい者向けの就職合同説明会も年に2回行われている地域が多い。

参考文献

　現在は空前の脳科学ブームであり、エセ科学的な本やメディア報道が溢れかえっている。こういった情報にはもちろん正しい情報も多少は含まれているものの、多くは偏ったものの見方であったり、間違った情報であったりする。したがって、情報の取捨選択には気をつけてほしい。この本で述べてあることだけで分量が多いので、さらに何か読むということは難しいかもしれない。しかし、自分が興味を持った項目について、さらに何かを読んで見たい、という方のために、多少の参考文献を記載しておく。

＜脳の構造など＞

　新・脳の探検（上・下）　フロイド・E．ブルーム著、久保田　競・中村克樹監訳、講談社ブルーバックス、2004

＜発達に関して＞

　まなざしの誕生 ― 赤ちゃん学革命　下條信輔、新曜社、2006

　子どもの「10歳の壁」とは何か？ ― 乗りこえるための発達心理学、渡辺弥生、光文社新書、2011

＜神経心理症状について＞

　これは本来であれば成書をということになるが、もう少しわかりやすい、物語を紹介しておく。最近亡くなられたオリヴァー・サックスというアメリカの神経学者が、彼が診察・治療した様々な症状を持つ患者の物語をわかりやすく描いている。

　妻を帽子とまちがえた男　オリヴァー・サックス著、高見幸郎・金沢泰子訳、ハヤカワ・ノンフィクション文庫、2009

　火星の人類学者 ― 脳神経科医と7人の奇妙な患者　オリヴァー・サックス著、吉田利子訳、ハヤカワ・ノンフィクション文庫、2001

　幻覚の脳科学 ― 見てしまう人びと　オリヴァー・サックス著、大田直子訳、ハヤカワ・ノンフィクション文庫、2018

＜高次脳機能障害について＞

　この項目については、国立障害者リハビリテーションセンターがまとまった情報を載せており、参考になる。下に、ウェブサイトのアドレスをあげておく。

　http://www.rehab.go.jp/brain_fukyu/

　ここには、普及事業について、制度についてなどの項目とともに、資料がダウンロードできる形で掲載されているので、参考にしてほしい。

著者略歴（執筆順）

藤井　裕子（ふじい ひろこ）（第Ⅰ部担当）
大阪市立大学家政学部大学院修士課程修了
学校法人夙川学院神戸教育短期大学特任教授
臨床心理士、家政学修士
主な著書
『児童福祉論—実習中心の授業展開—』（分担執筆、相川書房、2006）
『乳幼児の発達臨床と保育カウンセリング』（共著、ふくろう出版、2014）
『子ども家庭福祉専門職のための子育て支援入門』（分担執筆、ミネルヴァ書房、2019）

石井　信子（いしい のぶこ）（第Ⅱ部担当）
奈良女子大学大学院人間文化研究科修了
滋賀大学教育学部特任教授、立命館大学大学院応用人間科学研究科教授を経て、
京都女子大学大学院スーパーバイザー、京都国際社会福祉センター客員研究員
臨床心理士、公認心理師、学術修士
主な著書
『くらしにいかす心のサイエンス』（共著、三和書房、2005）
『乳幼児発達臨床の基礎』（共著、ふくろう出版、2006）
『メンタルヘルスを学ぶ』（共編著、ミネルヴァ書房、2015）他

上田　敬太（うえだ けいた）（第Ⅲ部担当）
京都大学医学部、京都大学大学院医学研究科卒業
精神科医、医学博士
京都大学医学部附属病院精神科神経科助教
京都市高次脳機能障害支援センター嘱託医師
著書
『高次脳機能障害のリハビリテーション』（共著、医歯薬出版、2018、87-92）
『高次脳機能障害の考え方と画像の見方』（共著、中外医学社、2016、242-254）
『注意と意欲の神経機構』（共著、新興医学出版社、2014、119-136）

|JCOPY| 〈(社)出版者著作権管理機構 委託出版物〉

本書の無断複写(電子化を含む)は著作権法上での例外を除き禁じられています。本書をコピーされる場合は、そのつど事前に(社)出版者著作権管理機構(電話 03-3513-6969、FAX 03-3513-6979、e-mail: info@jcopy.or.jp)の許諾を得てください。
また本書を代行業者等の第三者に依頼してスキャンやデジタル化することは、たとえ個人や家庭内での利用であっても著作権法上認められておりません。

対人援助職のための
こころの科学
基礎と応用

2019 年 9 月 15 日　初版発行

著　　者　　藤井　裕子・石井　信子・上田　敬太

発　　行　　ふくろう出版
　　　　　　〒700-0035　岡山市北区高柳西町 1-23
　　　　　　　　　　　　友野印刷ビル
　　　　　　TEL：086-255-2181
　　　　　　FAX：086-255-6324
　　　　　　http://www.296.jp
　　　　　　e-mail：info@296.jp
　　　　　　振替　01310-8-95147

印刷・製本　　友野印刷株式会社
ISBN978-4-86186-762-0　C3011
ⒸHiroko Fujii, Nobuko Ishii, Keita Ueda

定価はカバーに表示してあります。乱丁・落丁はお取り替えいたします。